KB122920

세계의 역사마을·1

UNESCO
United Nations
Educational, Scientific and
Cultural Organization

World
Heritage

프라하 성

Historic Towns & Villages of the World

Photographs & Essays by Kim Kwang–Sik

세계의 역사마을·1

-유네스코 세계문화유산 답사기

글·사진 김광식

눈빛

김광식(金光植)은 서울 출생으로, 서울대 언어학과를 졸업하고 문화공보부(현 문화관광부)에
들어가 첫 공직생활을 한 이래 16년 동안 해외에서 문화 홍보업무에 종사하였다.
문화와 해외홍보 계통의 업무를 담당한 문화예술행정가로서 31년간 재직하는 동안
문화예술국장, 국립영화제작소장, 국립중앙박물관 사무국장, 일본문화원장 등을 역임했다.
퇴임 후 고려대 연구교수로 재직한 바 있으며, 1999년 안동 하회마을 조사를 계기로
유네스코에 관계하기 시작했다. 현재 유네스코 산하 ICOMOS(국제기념물유적협의회)
한국위원으로, 세계 여러 나라를 다니며 세계문화유산 보존업무를 하고 있다.

세계의 역사마을·1

- 유네스코 세계문화유산 답사기

글·사진 김광식

개정판 1쇄 발행일 ― 2009년 10월 26일 / 발행인 ― 이규상 / 편집인 ― 안미숙 / 발행처 ― 눈빛출판사
서울시 마포구 상암동 1653 이안상암 2단지 506호 전화 336-2167 팩스 324-8273 / 등록번호 ― 제1-839호
등록일 ― 1988년 11월 16일 / 기획 ― 김예옥 / 편집·디자인 ― 정계화, 박인희, 손현주
출력 ― DTP 하우스 / 인쇄 ― 예림인쇄 / 제책 ― 일광문화사
값 15,000원 / ISBN 978-89-7409-962-6   03990

Copyright ⓒ 2004, Kim Kwang-Sik

서문

　해외를 여행하면 처음 마주치는 사람들과 그곳의 풍속·풍물에 신기함을 느끼고 감명을 받는다. 이것은 처음 경험하는 이문화(異文化)에 대한 흥분이고 감동이다. 그래서 우리는 다양한 문화도 체험하고 자연경관을 보러 해외로 떠난다.

　나는 일생 동안 정부에서 해외홍보와 문화관계 일만 해 왔다. 내가 한 일은 주로 살아 숨쉬는 현대문화와 예술을 다루는 일이었고, 그 때문에 해외에서 16년이란 세월을 보냈다. 퇴직 후에는 대학에서 5년 동안 문화이론과 문화재 행정을 강의했는데, 그것이 인연이 되어 유네스코의 문화유산을 다루는 일에 발을 들여놓게 되었고, 국제기념물유적협의회(ICOMOS)에 관계하게 된 지도 벌써 여러 해가 되었다.

　여기 모은 것들은 지난 5년간 필자가 발로 찾아 다니면서 쓴 세계문화유산 역사마을과 도시에 관한 글과 사진들이다. 안동 하회마을을 조사해서 이를 유네스코가 개최한 전문가 심포지엄에서 발표를 하다 보니 자연스럽게 세계의 전통마을들을 찾아 나서게 된 것이다.

　이 책에서는 인간이 사는 문화유산을 도시와 마을로 구분하여 소개한다. 마을은 필자가 편의상 취락의 형태를 갖추어 유네스코 세계유산에 등재된 마을 중 인구 1천명 이내의 마을만을 대상으로 하였다.

　산업화·현대화·세계화 과정에서 전 세계의 전통적인 생활방식은 현대성·편리성·도시화의 물결로 사라져 가고 있다. 유럽에는 그나마 도심 지역이 옛 모습을 간직하여 역사를 말해 주고 있고 관광자원도 되고 있지만 농촌 마을은 그렇지 못하다. 내가 다닌 곳은 주로 사람들이 사는 전통적 민속마을이었다. 많은 마을이 역사의 뒷길로 사라졌지만, 몇 군데는 이를 보존하려는 당국과 국제적 합의가 이루어져 그나마 세계문화유산이라고 하여 지켜지고 있다. 물론 지금도 전 세계적으로 1백 년 이상 제 모습을 잃지 않고 있는 마을이 더러 있을 것이다. 그러나 주변의 개발로 전통성이 많이 훼손되고 있다.

세계문화유산으로 지정된 마을은 다섯 군데에 지나지 않는다. 우리나라는 문화재 보호법에 의거, 민속자료란 용어를 사용하는데 현재 다섯 군데가 지정되어 있고, 이 중에 안동 하회마을과 경주 양동마을은 세계문화유산 잠정목록에 들어 있어 세계유산으로 등재될 날을 기다리고 있다.

인간이 사는 세계문화유산을 조사, 취재하면서 변경의 사람 사는 모습도 함께 기록하여 여기에 소개한다. 부끄럽지만 혼자 가지고 있기에는 너무나 벅찬 그리고 기억하고 싶은 모습들이기에 감히 세상에 내놓는다.

2004. 12
김광식

세계의 역사마을·1

– 유네스코(UNESCO) 세계문화유산 답사기

차례

■ 세계유산(World Heritage)과 세계문화유산(World Cultural Heritage)
우리가 흔히 사용하는 '세계문화유산'은 '세계유산'의 하위개념이다. '세계유산' 안에는
'세계문화유산'과 '세계자연유산(World Natural Heritage)' '세계혼합유산(World Natural Heritage)'
등 세 종류가 있다. 외국의 경우 굳이 이를 구분하지 않고 '세계유산'으로 통칭하는 것이 보통이다.
이 책에서는 우리나라의 특성상 '세계유산'과 '세계문화유산'을 섞어서 사용했다.

* 이 책에 수록된 드로잉 스케치는 화가 노영실 씨의 작품이다.

Ⅰ. 세계문화유산으로 지정된 마을

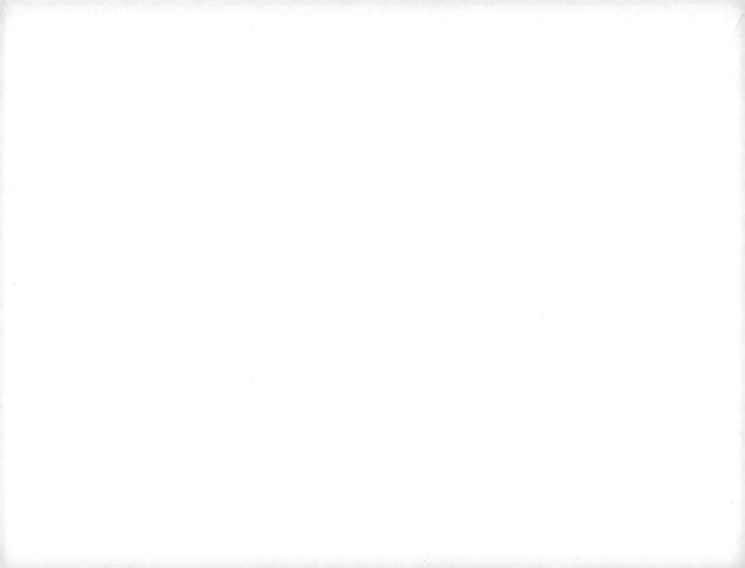

1. 세계마을문화유산이란

중국 안후이성 황산광역시 이현에 있는 훙춘 마을.
황산은 세계자연유산으로 지정된 세계 명산으로,
훙춘은 여기서 50km 정도 돌아가야 한다.

사람들이 현재 살고 있는 세계 유산은 200여 개 군데의 대소 도시와 타운이 있는데, 대부분이 유럽에 몰려 있는 옛 도시이다. 이 중에는 약 100년 전에 건설된 독특한 도시계획과 양식 때문에 지정된 곳도 있지만 대부분 중세 이후 산업혁명에 이르기까지 건설된 도시와 읍성으로, 사람들이 전통을 이어 가면서 거주하고 옛 모습을 잘 간직하고 있는 옛 중심지가 대부분이다. 옛 모습을 지닌 마을은 동서양을 막론하고 현대화하는 과정에서 대부분이 없어지고 말았다. 그래서 사람들이 거주하고 있는 마을로서의 세계문화유산은 경제가 어느 정도 발전한 국가, 지역에서 옛 모습을 지닌 거주지로서 보호하지 않으면 없어질 위험성이 있는 곳을 등록 보존한다. 아직까지는 전 세계적으로 겨우 다섯 군데만이 마을 단위의 세계문화유산으로 등록되어 있을 뿐인데, 이런 마을은 대개 교통이 불편한 시골에 있기 때문에 그나마 옛 모습을 간직해 올 수 있었을 것이다.

　　마을이란 도시와 대비되는 것으로 도시에는 인구가 밀집해 있고 상업과 교역의 중심지인데 비하여, 농촌은 주로 농업·목축업·임업과 같은 생산이 주된 생활기반이다. 그래서 마을의 인구는 그 땅에서 생산해 내는 산물의 량에 따라 달라진다. 비옥한 땅을 가진 마을은 그만큼 인구가 많을 것이요, 그렇지 못한 마을은 인구가 많을 수 없다. 마을을 일구는 경우 집들은 그 고장의 풍토에 맞게, 그리고 고장에서 쉽

부다페스트에서 100km 떨어진
산간 목축업을 하는 홀로쾨 마을.
지금은 인구가 감소하여 문화유산으로 지정된
전통건물에 사는 주민은 불과 35명이며,
마을 공동묘지 너머 멀리 보이는 주택은
후손들이 뉴타운을 일군 뉴-홀로쾨 마을이다.

게 구할 수 있는 건축재료를 사용하여 집을 짓고 취락을 일군다. 그래서 농촌 가옥은 전적으로 그 지역의 기후적·환경적 영향을 받아 지어진 역사적 산물이라고도 할 수 있다.

이러한 오래된 전통성 있는 마을을 우리나라에서는 '민속마을'이라고 하나 국제적으로는 '역사적 마을'이라고 부른다. 우리나라에서 1970년대 이전까지 흔히 볼 수 있던 전통성 있는 역사적 마을은 새마을운동과 현대화 과정에서 대부분이 없어지고 말았다. 우리나라에서는 문화재법상 의식주·생업 등에 관련된 문화재를 '민속자료'라고 규정하고 있고, 이에 근거하여 일곱 군데의 역사적 마을을 지정 보존하고 있다. 이 중에 안동의 하회마을, 경주의 양동마을이 세계문화유산 후보지로 등록되어 있다가 2009년 초 정식으로 지정을 신청해 놓은 상태이고, 2009년 가을 현지조사를 거쳐 2010년도 여름에 지정 여부가 결정될 예정이다.

세계문화유산으로 지정된 곳도 시대의 변화에 따라 보존에 커다란 어려움을 겪고 있다. 뿐만 아니라 인적·경제적 기반도 취약하여 점차 문화적 전통이 사라지고 있는

위, 블콜리네츠 전경
아래, 일본 시라카와고 마을

안동 하회마을

형편이다. 시골 마을 어디를 가나 젊은 사람들은 대부분 도시로 떠나고 노인들만이 마을을 지키면서 농사일을 하고 있다. 시대의 흐름에 따라 구식 가옥의 실용성이 떨어지고 주거 방법도 달라져서 전통적 모양을 지니기 어렵게 된다. 세계적으로 개발과 대도시화 현상은 마을을 공동화하여 존립 자체를 위협하고 있으며, 농경사회에서 사람들이 지니고 살던 무형의 문화유산은 거의 자취를 감추어 가고 있다.

변화의 추세는 멈추지 않을 것이다. 사고방식과 생활방식이 변하고 이에 따라 주거형태, 살아가는 방법, 사람들의 생각이 바뀌어 가는 추세여서 우리가 보존해 오고 있는 역사적 마을도 앞으로 얼마나 바뀔지 아무도 예단할 수 없다.

홀로쾨 마을 한가운데의 아주 작은
마을 교회(왼편)이며 마을 랜드마크이다.
집들은 교회를 중심으로 Y자형으로 갈린 길
양편에 베란다나 삼각형 추녀가 길과
대면하는 모양을 하고 있다.

구동구 공산권이었던 일곱 나라가 2004년에 유럽연합(EU)에 가입했고, 북대서양조약기구(NATO)의 회원국이 되었다. 이는 이제 러시아를 제외하고는 유럽 국가 내의 거의 모든 국경이 없어지고 인적·물적 왕래가 자유로워졌다. 사실 유럽에서 육지로 접한 국가는 우리가 생각하는 국경이라는 것이 없다. EU 회원국의 국경을 통과할 때에는 마

팔로츠의 여인

치 국내에서 타지방으로 가는 것과 마찬가지이다. 원래 국경은 인위적인 것이고, 어디까지나 국가의 힘이 미치는 한계이다. 국경은 역사적으로 무수하게 변천해 왔다. EU로의 통합은 이런 국경이 허물어지는 것을 의미한다. 유럽 사람들은 전쟁으로 점철되었던 과거를 반성하고 참으로 오래간만에 국경 없는 광역 연합국가를 만들어 가고 있는 것이다.

중부 유럽은 로마제국 멸망 이후 이스트만 터키제국이 나타날 때까지 별다른 힘 있는 국가의 융성없이 여러 제후의 나라가 흥망을 거듭해, 국경은 역사 그 자체라 할 정도로 변화무쌍했다. 헝가리 사람들은 원래 아시아계로서 핀란드와 더불어 비유럽 민족국가이다. 인구는 적지만 20세기에 이르기까지 유럽의 역사 무대에서 꽤

넓은 영토를 가졌던 국가였는데, 아주 중요한 시기에 국가로서 선택을 잘못해 지금의 작은 나라로 전락했다. 헝가리는 제1, 2차 세계대전 모두 독일 편에 서서 연합국과 싸웠으나 패전국이 되면서 체코·폴란드 등에 땅을 내주고 말았다. 말하자면 주변 강대국에 둘러싸인 작은 나라로서 줄을 잘못 섰던 것이다. 세계대전 이후 1980년대 말까지 동구권 사회주의 국가체제를 유지했던 나라임은 잘 알려진 사실이다. 헝가리는 남북 100킬로미터, 동서 300킬로미터로 인구가 1천만 정도인 작은 나라이다.

헝가리 사람들은 유럽 민족 틈에서 살아 남자니, 자연 이웃 민족을 이해하고 사이좋게 지내야 하는 절대적인 명제가 실존하고 있는 것 같다. 어지간한 헝가리 사람은 이웃 나라말 3-4개 정도는 자유롭게 구사한다고 한다. 그러면서도 여전히 그들의 전통과 문화를 잘 간직하고 있다.

스위스, 오스트리아의 대부분을 차지하는 알프스 산맥은 계속 동쪽으로 체코와 슬로바키아를 가로지르는 가르파치안 산지를 형성하고 중부 유럽의 분수령이 된다. 중부 유럽의 기후는 겨울이 우기이고 여름은 오히려 건조하며, 강우량은 연간 600밀리미터 정도이기 때문에 예로부터 포도 재배와 밭농사 그리고 목축업을 해 왔다. 산간지방이면서도 산다운 산은 거의 없고, 험준한 지세도 찾아볼 수 없는 것이 이곳의 지형이다.

헝가리 동부지방에서 300년 전통을 가진 '토카지(맑은 호박색 황금빛을 띤 감미로운 와인)'와 포도밭, 주변 농촌풍경이 2002년 세계문화유산으로 등록되었다. 게르만 민족, 슬라브족, 동양계 헝가리족, 로맨스족이 뒤섞여 사는 다민족 지역으로 다뉴브 강이 알프스에서 발원하여 동남으로 오스트리아, 슬로바키아, 헝가리, 구(舊) 유고슬라비아를 거쳐 불가리아와 루마니아의 국경을 형성하면서 카스피 해로 빠진다.

중부 유럽에는 어디를 가나 고성(古城)이 즐비하고 강우량이 많지 않기 때문에 목축업이 발달했다. 헝가리도 그러한 나라이다. 그래서 고성과 오래된 도시 지역이 세계문화유산으로 많이 지정되었다.

그러나 유럽에서 농촌 마을로 세계유산에 등재된 곳은 단 두 군데에 불과하다. 홀로쾨가 그 하나이고, 다른 하나는 슬로바키아의 블콜리네츠 마을인데 이 마을에서 약 100킬로미터 정도 북쪽에 있다. 역설적이지만 농촌 마을이 아직 잘 보존되고 있는 곳은 구공산권이다.

홀로쾨는 헝가리의 수도 부다페스트에서 북쪽으로 약 100킬로미터 떨어진, 이 나라에서 가장 아름다운 산간마을로, 이제는 사라져 없어진 유럽의 농촌 모습을 잘 간직하고 있다. 왕래가 드문 한적한 홀로쾨에는 팔로츠 부족의 후예가 전통을 간직하며 산다. 팔로츠 부족은 13세기 몽골의 침략을 피해 카스피 해 연안에서 이주해 정착한 터키계 쿠만 부족의 후예인 것으로 알려졌다. 홀로쾨 성과 마을의 존재는 14세기경부터 알려졌는데, 오토만 제국 지배 당시 폐허가 되었다가 18세기경 다시 팔로

홀로쾨 마을 교회

①-② 인적이 드문 마을길.
바닥에 꽤 큰 자연석을
깔아서 잘 정비해 놓았다.
미관상으로는 좋으나 노인이나
여성이 걷기에는 좀 불편하다.
③ 우물

왼쪽, 마을의 경찰관
오른쪽, 홀로쾨 성으로 가는 길

츠 농민들이 재건했다고 한다.

긴 구릉길을 따라 홀로쾨 마을 뒷산에 오르면 15세기에 축조되었다는, 금방이라도 무너질 듯한 주인 없는 홀로쾨 성이 깃발만 나부낀 채 서 있다. 마을은 거의 인적을 찾아볼 수 없을 만큼 적막하다. 홀로쾨는 해발 500-600미터 고지대에 팔로츠 부족 농민들이 세운 마을인데 방어를 위해 성을 쌓았다고 한다.

마을은 구부락과 신부락으로 나뉘는데 구부락 65동의 농가주택이 보존 대상인 세계문화유산 지역이다. 사회주의 체제하의 1950년경부터 마을 근처의 광산과 채석장

곧 무너질 듯한 고성에
깃발만 나부끼고 있다. 희게 보이는 부분은
파손된 부분을 수리한 곳으로, 돌조각이 원래
것과 크기가 달라 땜질한 느낌을 준다.

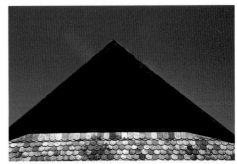

홀로쾨 마을의 전통가옥과 지붕의 다양한 장식들.
지붕 박공벽의 디자인이 꽤 독특하다. 이 전통가옥은
나무기둥에 지붕은 타일을 덮었고, 흙벽에 회칠을 했다.
정면과 측면에 기둥으로 받친 기다란 차양이 있는
베란다가 인상적이다.

◀ 전통 민가의 지붕은 원래 초가였다고 한다.
잦은 화재 그리고 재료를 조달하기 쉽지 않기 때문에
20세기 들어 타일형 기와로 바꾸었다.

의 사업이 번창하여 마을 주민이 많이 고용되자, 젊은층은 마을 어귀에 새로운 부락을 지어 신·구 마을로 구분되기에 이르렀다. 공산주의 시절 집단농장이란 과정을 겪었음에도 마을의 구조나 형태는 변하지 아니하였고, 19세기에 지은 팔로츠 농가 주택은 잘 보존되었다.

언뜻 보면 집들은 산간지방에서 흔히 보이는 나무집이다. 이 마을에서 볼 만한 것은 중심도로를 축으로 양옆에 늘어선 장방형의 목조건물군의 특이한 경관이다. 주택들은 성당 앞에서 Y자 형으로 갈라진 거리에 직각으로 나란히 배치되어 있고, 재료는 석축 기단에 나무 기둥을 했고, 지붕은 타일로 덮었다. 벽은 흙벽에 회칠을 하였고, 더러는 벽돌 벽도 보인다. 정면에서 보면 정면과 측면에 기둥으로 받친 기다란 차양을 한 베란다가 매우 인상적이다.

지붕을 보수하는 마을 주민

마을은 여러 번 불이 나서 그때마다 변했다. 그래서 당국에서는 목재로 집을 짓는 것을 금했다고 하는데, 주민들은 이에 아랑곳하지 않고 전통적인 방식으로 집을 지었다. 1909년에 또 한 번 큰불이 일어나자 하는 수 없이 초가 대신 타일로 지붕을 얹었다고 한다. 현존하는 주택은 그 당시에 지은 것이 대부분이다.

변화의 물결

사회주의 체제가 무너지기 시작한 1990년대부터 이 마을에도 변화의 물결이 흘러들었다. 젊은 사람들은 도시로 떠나고 구부락 내에 빈집들이 늘기 시작했다. 마을 환경은 서서히 퇴색되어 갔고, 초지와 과수가 들어서야 할 곳은 황량하게 되었으며, 주민들은 옛날의 마을 경관을 유지할 능력이 없어졌다. 그래서 당국은 마을을 문화 재 보존지역으로 지정하고, 국민휴가촌으로 개발할 계획을 세웠다. 지금 이 마을에 는 20동 정도의 주택을 국유화해서 고친 후 관광객을 위한 휴가 샤레트, 우체국, 박 물관, 진료소, 상점 및 관광식당, 촌사무소 등으로 이용하고 있다. 나머지는 인근 도 시인에게 매각하여 주말 별장으로 이용하고 있다고 한다.

인구의 감소는 이 마을의 커다란 문제거리이다. 신·구 마을을 합한 인구는 총 385

왼쪽, 민속공연을 하는 할머니들
오른쪽, 전통 인형을 만드는 할머니

팔로츠 부족의 전통의상을 차려입고 민속공연을 하는 할머니들

팔로츠의 전통의상

명인데 70퍼센트가 60세 이상이고, 그나마 보존지역의 전통 건물에 사는 사람은 불과 35명으로, 전부 노인이다.

세계문화유산으로 지정된 후 연간 10만 명의 관광객이 이곳을 찾아온다고 한다. 홀로쾨에는 관광식당이 두 군데 운영되고 있는데 원주민 의상을 차려입은 할머니들이 팔로츠 민요와 춤을 보여주고 향토음식을 선보이고 있다.

마을에서 운영하는 샤레트는 아주 검소하지만 저렴한 가격으로 편하게 쉴 수 있다. 이런 정보를 미리 알지 못했던 우리는 슬로바키아의 블콜리네츠에서 자동차로 국경을 넘어 해질 무렵에야 이곳에 도착하여 숙소를 찾는데 무척 고생하였다. 인적을 거의 찾아볼 수 없는 마을의 해질 무렵, 석양의 아름다움에 매료되어 이리저리 거닐던 기억이 지금도 생생하게 남아 있다.

블콜리네츠 마을의 전경.
마을의 전통가옥은 다양한 색깔이다.
원래는 너와집이었는데 지금은 목재의 구입과
가공이 원활하지 못해 함석 지붕으로 대체한 것들이다.
심지어는 텐트천으로 덮은 집도 보인다.

보헤미아의 나라

체코슬로바키아는 독일, 폴란드, 러시아, 헝가리, 오스트리아를 국경으로 하는 내륙 국가이다. 1918년 제1차 세계대전 후 오스트로-헝가리 제국으로부터 독립하였다가 제2차 세계대전 후에는 구소련의 위성국가로 전락하였다. 체코슬로바키아의 기계공업과 유리공업은 세계적인 수준을 자랑한다. 1968년 소련 지배에 항거하여 봉기한 '프라하의 봄'은 우리 기억에 생생하다. '프라하의 봄'은 이 나라의 음악 거성 스메타나를 기념하여 1946년부터 열리기 시작하여 매년 5월 프라하 시내에서 개최되는 국민음악제인데, 1968년 소련군이 침략했을 때도 그대로 개최되었다고 한다. 음악제는 스메타나의 교향시 〈나의 조국〉의 연주로 개막되고, 베토벤의 〈교향곡 제9번〉으로 폐막된다고 한다. 잘 알려진 보헤미안으로는 스메타나말고도 〈신세계 교향곡〉으로 유명한 드보르자크, 「변신」의 작가인 프란츠 카프카 등이 있다. 프라하 시내를 거닐다 보면, 이들의 동상·흉상 또는 건물 모서리에 설치되어 있는 조각품을 쉽게 발견할 수 있다.

1989년 구소련이 붕괴하자 재빨리 '벨벳 혁명'이라고 불리는 공산주의로부터 시장 자본주의로 연착륙하는 데 성공한다. 그러나 1993년 총선 결과로 체코와 슬로바키아가 분리·독립한다. 다행히 두 나라는 시장경제로의 이전이 제대로 이루어져 2004년

체코 프라하에 있는 카프카의 얼굴 조각상

6월에는 유럽연합의 새로운 회원국이 되면서 유럽에 완전히 통합됐다.

보헤미아의 농촌 마을

홀라소비체

수도 프라하에서 남쪽으로 약 150킬로미터, 오스트리아 수도 비엔나에서 북쪽으로 역시 150킬로미터 떨어진 평야지대의 홀라소비체라는 마을이 세계문화유산으로 지정되었는데, 마을은 비옥한 농지가 광활하게 전개되는 지역에 자리잡은 체코의 전통 역사마을이다. 체코 동부지역은 역사적으로 슬라브족이 11세기경부터 이주해 살아왔기 때문에 보헤미아라 불리는 문화지역에 속한다.

홀라소비체 마을 전경 판화

남부 보헤미아 일대는 15세기부터 넓은 황무지와 늪지를 개간하기 위해 물고기 연못(fish pond)을 파서 물을 빼고 농지를 일구어 농사를 지어 온 비옥한 땅이다. 앞에서도 말했지만 유럽의 국경은 고정된 것이 아니라, 지배자나 국가의 흥망성쇠에 따라 이리저리 그어지며 땅주인이 바뀌어 왔다. 이곳도 18세기에서 20세기 초까지는 독일 계통 사람들이 들

위, 홀라소비체 마을의 조감도
아래, 홀라소비체 마을의 도면

체코 남부 보헤미아 농촌의 특성을 간직하고 있는
홀라소비체 농가 주택. 마을광장을 중심으로
'口'자형으로 가옥이 줄지어 배치되어 있다.
사진제공─체코 관광청

어와 농사짓던 곳이었기 때문에 농장 소유자의 90퍼센트가 독일 이름을 사용하는 사람들이었다. 그후 1918년, 체코슬로바키아가 독립하면서 서서히 독일인이 줄기 시작하였고, 제2차 세계대전 이후 다시 체코 영토로 편입되면서 독일계 사람들이 완전히 철수하였다. 그때부터 체코인들이 인계해 광활한 경작지를 경작하면서 유럽 농촌 마을 경관을 보존해 오고 있다.

'민속 바로크' 농가 건축

홀라소비체 마을에는 주건물과 부속건물을 합쳐 120동쯤 있는데, 남부 보헤미아 농촌의 한 특성이라고 할 양식, 즉 기다란 마을광장(폭 70미터, 길이 200미터)을 중심으로 농가는 'ㅁ'자형으로 줄지어 배치된 특이한 모습을 하고 있다. 마을광장에는 마을에 들어오는 도로가 관통하고 있으며, 한가운데에는 교회가 들어서 있다. 그리고 광장 주변에는 마을 사람들이 모여서 쉴 수 있는 벤치도 놓여 있다.

농가는 전면이 2-3층짜리 주건물이고 창고·외양간 등 부속건물이 후정에 길다랗게 배치되어 있으며, 재료는 석축 또는 벽돌을 쌓고 색깔이 있는 회벽으로 마감하였다. 주건물 전면은 마을광장을 향하여 박공벽(gable wall, 경사진 처마가 벽과 마주 닿아 있는 삼각형 ∧ 모양) 형식의 남부 보헤미아식 건물이다.

전면 벽에는 환기창과 민속적인 조소장식을 한 집도 있다. 더러는 후기 민속 바로

바로크 양식의 다양한 지붕 모양. 삼각형 모양의 경사진 처마에는 조각을 새기거나 건축년도를 해넣는 등 장식적인 아름다움을 가했다.

크 형식이라는, 지붕의 옆모양을 동그랗게 아름다운 굴곡으로 만들어 지은 집도 있
고, 건축연도를 새겨 놓은 집도 있다. 이러한 석축 민속 바로크 농가는 여러 곳에 한
두 채씩 남아 있기는 하나, 마을 단위로 보존된 곳은 이곳뿐이어서, 1998년 세계문화
유산으로 지정되었다. 현재 22채 중 농가의 소유는 농사짓는 가구 15채, 여가용 별장
6채, 지방자치단체 소유 2채이다.

　이곳은 아직 관광객이 많이 찾는 편은 아니다. 마을에는 호텔은 없으나 민박은 가

블콜리네츠 농가

능하며, 수용 능력은 40여 명. 호텔은 15킬로미터 떨어진 군청 소재지 체스케 부데소비체에 가야 있고, 여기에서 마을까지는 버스가 하루 8회 운행한다. '부데소비체'를 영어로 표기할 때에는 미국 맥주 브랜드인 '버드와이저'가 된다.

슬로바키아의 산간마을

블콜리네츠

체코의 홀라소비체 마을에서 동쪽으로 400킬로미터 떨어진 슬로바키아의 블콜리네츠라는 마을은 홀라소비체와는 아주 대조적인 곳이다. 체코와 슬로바키아는 같은 슬라브 민족이며, 10년 전까지만 해도 한 나라였다. 다만 슬로바키아는 인구가 5백만이고, 국민소득도 체코에 비해 낮은 편이다.

폴란드에서 우크라이나까지 자연스러운 경계를 형성하는 칼파치아 산맥 남쪽은 트란실바니아라 불리는 지역으로 산악지방이며, 슬로바키아의 광공업 중심지이다. 또한 이곳의 수려한 자연경관은 휴양지로도 유명하다. 그러나 이 지역의 건축과 건조물은 대단한 것이 없다. 척박한 자연환경 때문이었다고 할 수 있겠지만, 오히려 동서남북 교역의 요충지였기 때문에 역사적으로 항상 침공이 그치지 않았고, 어느

슬로바키아 블콜리네츠 마을 전경

슬로바키아의 산간마을인 블콜리네츠의
전통 농가주택. 나무를 쪼개 만든 너와지붕에
매부리처럼 옆을 꼬부려 독특한
지붕 형태를 만들어낸다.

누구도 이 지역을 오래 지배한 자가 없었다는 것이다. 자연재해도 이 지역의 발전을 저해하는 데 한몫을 하는 것 같다.

늑대 사냥꾼 마을

블콜리네츠라는 마을은 소도시 루좀베로크 시가지에서 동남쪽으로 약 7킬로미터 떨어진 산록에 고즈넉이 자리잡고 있다. 주변은 유럽 수준에서 보면 고산준령이라고 할 수 있는데, 시가지와 고도 격차는 약 3백 미터여서 걸어서 들어가기에는 숨이 헐떡일 정도이다. 마을 근처는 목초지 면적 외에는 경작할 땅이 없다.

이 마을 사람들은 14세기경 루좀베로크 시를 늑대의 침입으로부터 지키고, 땔감을 조달해 주는 역할을 하면서 양을 치고 살았다. 19세기 말까지 마을은 교회를 중심으로 하나의 공동체를 이루어 자급자족하며 지내왔다고 한다. 제일 번성했을 때의 인구가 약 4백 명 정도였다.

20세기 중반 공산정권이 들어서면서 모든 경작지는 국유화되었다. 일자리는 국가가 책임졌고, 인근 루좀베로크에 아파트 단지가 형성되면서 인구가 감소하기 시작했다.

블콜리네츠 마을 농가.
너와로 집을 추가 증축하고
흰 함석지붕을 덮은 것을 볼 수 있다.

투박한 통나무 맞배집

마을의 민가는 중부 유럽 산간지방에 흔한 통나무로 지은 다음 점토를 바른 후 흰 회칠이나 푸른색 칠을 한 것이다. 나무를 쪼개 이은 너와지붕에 옆모양을 매부리처럼 꼬부려 슬로바키아만의 독특한 지붕 모양을 연출한다. 이곳과 스칸디나비아에는 나무로 지은 교회 건물이 여러 군데 남아 있다. 민가는 남북으로 경사진 산록까지 뻗은 중심도로를 사이에 두고 대면하여 지어졌다. 중심도로 옆에는 산에서 내려오는 맑은 개울물이 콸콸 흐른다. 마을 동편에는 18세기에 지었다는 자그마한 시골 교회가 시선을 끈다.

많은 집들이 제법 낡아서 대대적인 수리를 하지 않으면 얼마 못 갈 정도로 보존 상태에 문제가 있어 보인다. 원래는 너와지붕이었을 어떤 민가는 양철지붕을 하였거나 텐트 천으로 덮은 곳도 보이고, 더러는 지붕을 한꺼번에 수리하지 못해, 양철지붕이 녹슬어 산화된 것과 청회색의 양철지붕이 이어져 있는 집도 보인다. 신축중인 집도 보였는데, 얼마나 옛 형식을 재현하게 될지는 가늠할 수가 없었다.

쇠퇴하는 전통마을

현재 마을은 인구가 겨우 30명이고, 남은 전통가옥은 43채와 학교 건물 1채에 불

과하다. 민가의 소유자는 원주민이 대부분이나 주말 별장으로 구입하여 이용하는 외부인이 점차 늘고 있다.

1970년대부터 시민보존운동이 꾸준히 전개되면서 공산정권 몰락 이후 지방 당국이 문화적 가치를 인정하게 되었고, 정부가 보호조치를 취하면서 얼마 안 되지만 보조금이 지급되기 시작했다. 그리고 중앙정부가 보존 활동에 나서면서 1993년 세계문화유산으로 지정되기에 이른다. 지정 이유는 중부 유럽 산간의 목재 가옥구조와 배치가 지난 한 세기 동안 그대로 보존되어 있어 이 부근에서는 볼 수 없는 종합적인 취락 유산임을 인정한 것이다. 지정을 결정할 당시 유네스코는 여기에서 농업기반이 유지될 수 있다는 것을 기대할 수는 없지만(주말 별장용으로 활용하는 것이 불가피하지만), 마을의 공동체 특성이 유지되기를 바란다고 밝히고 있다.

이 마을에서 약 30킬로미터 떨어진 중소도시 마틴 교외에 '슬로박 마을'이란 관광 민속촌이 있는데, 사람이 없는 야외박물관은, 사람이 살면서 무형의 마을 전통이 어느 정도라도 남아 있는 블콜리네츠와는 비교가 되지 않는 것이 사실이다. 이렇게 인위적으로 재현된 마을은 역사성이 없기 때문에 세계유산으로 지정될 수도 없다.

세계문화유산으로 지정된 이후 조용하던 마을이 관광객으로 북적거리고, 그래서 사생활이 침해되기 시작하면서 주민들은 관광객에 냉담하거나 구경꾼을 기피하는 경향까지 보이고 있다고 한 보고서는 지적하고 있다.

문화재나 전통적인 마을을 방문할 때마다 느끼는 것은, 대단히 역설적이게도 문화유산은 이른바 '발전성'이 없던 곳에 그나마 남아 있다는 것이다. 지역으로는 서구 유럽보다 동구가 그러했고, 도시보다는 지방이 그러했다. 그런 곳은 교통이 불편하고 현대식 생활이 스며들지 않았으며, 또 경제적으로 낙후되어 있다. 문화재란 한 번 없어지면 다시는 회복이 불가능하다. 그러나 한결같이 정부지원이 제대로 되지 않아 매우 안타까운 실정이다.

4. 일본의 시라카와고 마을

시라카와고 마을의 전경. 대부분이 헐리고 현재 120여 동의 합장 형태의 가옥이 남아 있다.

세계 어느 나라나 농촌 마을은 그 고장의 풍토에 맞게, 그리고 농촌 주택은 고장에서 쉽게 구할 수 있는 건축재료로 집을 짓고 취락을 일군다. 그래서 건축물, 즉 농촌 가옥은 그 지역의 기후와 환경의 영향을 받아 지어진 역사적 산물이라고도 할 수 있다. 이러한 오래된 전통성 있는 마을을 우리나라에서는 민속마을이라 한다.

　　일본의 중부 산간지방에 사라카와고(白川鄕), 아이노쿠라(相倉), 스가누마(菅沼) 등 세 개 부락의 맞배지붕형의 농가마을이 1999년 세계문화유산 지정을 받았다. 세 마을은 서로 약 10킬로미터쯤 떨어져 있다.

시라카와고 마을의 겨울. 이곳은 눈이 많은 지역으로, 한 번 내리면 5-6미터씩 쌓이기도 한다.

합장한 듯한 형태에서 유래된 갓쇼즈쿠리 가옥

사진제공−시라카와초

일본은 고온다습한 지역인데다 지진지대이다. 그래서 여름에는 비가, 겨울에는 눈이 많이 온다. 동해 연안 일부 지역에는 겨울에 눈이 자그마치 5-6미터씩 쌓이기도 한다. 얼마 전까지만 해도 산간지방에는 겨울철인 6개월 동안 교통이 두절되는 곳이 많았다. 나고야 시에서 북쪽으로 약 150킬로미터 정도, 동해 연안 도야마(富山)에서 50킬로미터 떨어진 시라카와고 마을이 바로 이런 지방이었다. 겨울에는 하도 눈이 많이 오기 때문에 경우에 따라서는 3층짜리의 초가집의 2층이 바로 출입구로 이용될 정도였다고 한다. 농가의 지붕은 볏짚이 아니다. 우리나라에서는 주로 볏짚을 지붕 재료로 이용하는 데 비하여 이곳에서는 볏짚이 귀하여 억새풀 잎과 줄기를 엮어 덮었고, 경사를 급하게 하여 눈이 쌓이지 못하도록 하였다. 이런 모양의 집을 일본에서는 갓쇼즈쿠리(合掌造り; 손을 합장하는 듯한 모양의 지붕을 뜻함) 가옥이라 하는데 한 번 억새풀로 지붕을 해 이으면 25-30년 동안 간다고 한다. 그러나 지붕을 개축하는 데 드는 비용은 만만치 않다.

이 마을에서 조금 떨어진 언덕에 오르면 여기저기 불규칙하게 펼쳐져 있는 초가 지붕의 형태와 크기가 장관을 이룬다. 마을 안에는 길과 논 같은 경작지가 주택 바로 옆에 띄엄띄엄 혼재한다. 맞배집의 크기는 다양하지만 최저 폭 10미터, 길이 15미터 정도의 크기이다. 지붕의 경사가 급하기 때문에 눈이 저절로 미끄러져 무게가 부담스러울 정도로 쌓이지 않는다고 한다.

눈이 쌓인 시라카와고 마을

가옥의 구조는 대부분 대가족이나 여러 세대 가족이 동거할 수 있을 정도로 규모가 크다. 우리나라의 가옥은 안채 사랑채 등으로 구분되는 2-3채가 유기적으로 연결되는 구조를 갖고 있는 데 비하면 일본의 가옥 구조는 판이하게 다르다. 거실과 침실 그리고 주방까지 모든 기능이 한 지붕 아래 칸막이로 구분되어 배치되어 있다. 이곳의 합장조 가옥의 2-3층은 여름에는 양잠을, 동절기와 비 농사철에는 염초(焰硝) 생산 등을 위한 작업 공간으로 쓰였다.

15세기경부터 이곳에 제한된 주민이 산간 마을을 군데군데 형성하였고, 집단취락에는 맞배 모양의 초가지붕 주택이 군락을 이루었다고 한다. 이러한 농가가 한 무리를 이루어 독특한 경관을 이루며 현대화 이전의 농경 형태를 보여준다. 1세기 전의 자료에 의하면 이 지방 일대에는 93개 취락에 1,800동 이상의 합장조 농가주택이 있던 것으로 알려졌는데, 1994년경에는 92퍼센트가 소멸되고 겨우 120여 동만 남았다. 보존지구의 크기는 45헥타르에 건물은 440동, 이중에 합장조 농가는 27퍼센트에 해당하는 120동만이 남게 되었다.

일본의 농촌은 현대화 과정에서 커다란 변화를 맞이했다. 농촌의 인구는 공업화에 따라 수많은 젊은이가 도시로 빠져 나가서 지역사회 유지가 힘들 정도가 되었고, 농업 생산의 기계화는 생산 관행을 변모시켰다. 그렇게 많던 합장형 갓쇼즈쿠리 농가는 사람이 살지 않게 되자 대부분 헐려져 버리고 더러는 농가의 독특한 모양으로

시라카와고 마을의
자연환경보전지역 표지석

1970년 일부 뜻있는 사람들이 중심이 되어
시라카와고 마을보존회가 결성되었고,
1996년에는 세계문화유산으로 등재되어
마을의 전통성을 지키고 있다.

① 아이노쿠라 마을.
5월 하순인데도 잔설이 보였다.
사진제공-시라카와초
② 합장조 가옥의 내부
③ 합장조 가옥의 부엌

변화의 물결 속에 홀로 서 있는 합장조 민가 뒤로
고속도로의 교각이 보인다. 사진제공–시라카와초

인하여 합장조 농가 30여 채가 전국으로 팔려 나갔다. 이 마을에서 시민단체인 '내셔널 트러스트'가 운영하는 농가는 팔려 갔던 초가집을 다시 매수하여 그 자리에 복원한 것이다. 인구 유출이란 과소화(過疎化) 현상과 더불어 노동력 부족을 겪던 이 마을의 뜻있는 사람들이 모여 점점 비어가는 마을을 살리기 위해 1970년대부터 자생적으로 시라카와고 마을 보존회가 생겼다.

1976년 전통건조물군 보존지구로 지정되고, 1996년 세계유산으로 등재된 이래 지방자치단체인 시라카와고초가 '세계유산 사라카와고 합장조보존재단'을 설립하여 관리를 위임하고 있다. 세계유산을 관리하기 위한 '전통적 건조물보존지구 보존기준'을 제정하여 주택의 신축·개축 등 관리에 적용하고 있다. 2001년에는 시라카와고에 보존할 경관이 무엇인가를 조사하는 연구작업이 진행되었다. 띄엄띄엄 서 있는 합장조 농가와 사이사이에 있는 경작지의 혼성 경관이 보호 대상이며, 이러한 농가와 논과의 유기적인 구조는 형태를 변경할 수 없도록 되어 있다. 사실 논 가운데 집이 있고 집 주변에 논이 혼재하는 경관은 그리 흔하지 않은 이곳에서만 목격할 수 있는 정감 넘치는 경관이라 할 것이다.

택지와 논밭 등 토지의 이용 형태, 도로와 수로의 배치 등 마을의 기본적인 구조는 19-20세기 중반의 상황을 유지하고 있다고 한다. 다만 1890년 마을 중앙을 관통하는 현대적인 도로가 개통된 이후 도로 양편에는 상점들이 들어섰다. 도로변에는 전통적 건조물군과는 상이한 현대 일본식 건물이 즐비하고 신축건물이 계속 들어서고 있다. 또한 고고야마의 스가누마(菅沼) 마을 옆으로는 고속도로가 지나가고 마을에는 현대식 건물이 들어서서 경관을 해치고 있다. 이로 인해 전통성이 많이 손실되었다.

역사적 전통적인 취락에 사는 많은 주민들은 기본적으로 보존을 대단히 싫어한다. 이유는 건물이 오래되어 더럽고 구조가 불편하고 고치려면 돈이 들기 때문이다. 누구라도 새 집에 살고 싶지 않은 사람은 없을 것이다. 보존대상이 되면 못 하나도 박을 자유가 없게 되기 때문이다. 이렇기 때문에 사람이 살지 않는 전통 농가와 부속건물이 방치되고 이런 상태가 오래되면 헐려지게 된다. 그나마 일본의 농가 구조가 현대식 생활을 수용하기 그렇게 어렵지 않기 때문에 구식 농가에 사는 사람들의 생활상의 불편은 훨씬 적다. 내부 변경만 허용된다면 현대식 주방과 샤워 시설은 얼마든지 설치할 수 있다.

지방유산 보존관리규정을 보면, 보존 지역 내에서 전통 건조물군 지정 당시 있던

지붕 개량작업. 마을 사람들은 상부상조 조직을 운영해 지붕을 개량한다.
사진제공–시라카와초

건물 이외에는 신축이 원칙적으로 인정되지 않는다. 기존 농로와 마을 내 도로의 노폭과 노면은 현상유지를 원칙으로 하고 경관을 해치는 도로 형태는 개수한다. 마을과 연고가 있는 사람에게는 도로변에 신축을 허용한다고 한다. 내부 수리는 자유이고 외양은 시라카와고초(지역 지방자치단체)가 정한 기준에 따라야 한다. 기존 맞배집을 증축하는 경우에 재질이나 색채, 모양이 이질감이 안 나게 시공하도록 지침에 따라야 한다.

전통마을 관리기준을 보면 합장조 농가에 어떤 부속공간의 신축, 증축, 개축, 이전, 철거는 물론이고 건물의 수리 형상 또는 외관을 현저하게 변경하는 행위는 금지되어 있다. 또 택지의 조성, 토지의 형질 변경, 나무 벌채, 토석의 채취, 수면 매립 등은 허가를 받아야만 된다. 규정은 이렇지만 마을의 전통가옥은 현관, 추녀 밑 공간 확장 및 부속건물을 현대적인 재료인 양철지붕으로 건축하여 초가집과 이질감을 주고 있다. 초가집에 원래의 것과 다른 벽 재료가 쓰였고. 농가의 입구에 함석지붕을 이어서 단 현관도 제법 많다. 다시 말하자면 보수 또는 증축에 현대적인 재료와 스타일이 사용되어 전통적인 마을의 모양이 많이 훼손된 것이다.

지붕 면적이 큰 농가의 전통적 외양을 보존하기 위해 소요되는 자재인 억새풀을 마을 인근에 억새풀 단지를 조성하여 재료를 재배하고 있다. 시라카와고에는 아직 구미(組)라는 전통적 상부상조 조직이 보존되어 지붕 개축을 맡아서 한다. 늦가을

봄과 가을에 실시되는 소방훈련
사진제공-시라카와초

실시되는 지붕 개축작업은 또 하나의 볼거리이다. 문화유산 보존에 있어 화재와 같은 재앙예방 계획처럼 중요한 일이 없다. 마을에는 화재예방을 위해 59개의 방수총과 60여 개의 소화전이 배치되어 있는데 봄가을에 한 번씩 실시하는 소방방수훈련은 장관이다.

연간 약 130만 명의 관광객이 시라카와고 마을을 찾아온다. 관광객으로부터 징수하는 입장료는 아직 없다. 부락 어귀에는 '민가원(民家園)'이라는 야외박물관이 조성되어 입장료를 내고 일본식 민가 모델을 볼 수 있다. 연간 유료 입장객은 66,000명이된다.

근대화에 의한 전통적 생업의 소멸, 1950년대부터 일기 시작한 인구 과소 노령화는 마을의 경제(생업)를 관광 관련업이 주된 경제로 만들었다. 이제 농업은 부수적인 산업이다. 유형인 건축물과 일상의 생활용구, 전래의 염초 양잠도구 등은 이제 야외박물관이 되었다. 당국이 제공하는 자료에 의하면 농경과 종교에 관한 각종 제례나 행사, 이에 따른 가요와 민속무용 등 특색 있는 문화재와 자료가 보존 전승되고 있다 하나 현재 마을에 사는 대부분의 사람들과는 관계가 없는 듯하다. 다만 세계유산으로 지정된 후 지명도가 높아지면서 이 마을로 되돌아오는 원주민이 늘고 있는 현상은 고무적이라 할 것이다. 마을의 상주인구는 150여 세대, 650명으로 최근 수년 조금씩 늘고 있는 편이다. 이는 전통적인 산업이었던 잠업을 하기보다는 세계

위, 하쿠산의 만년설
아래, 만년설 밑 개울에는 뜨거운 온천수가
용출되어 관광객들이 무료로 온천을 즐긴다.

유산으로 지정되고 난 다음 늘어나는 관광객을 상대로 하는 관광업이 늘어나고 있기 때문일 것이다.

 내가 처음 방문한 것은 2001년 초 여름, 도야마에서 렌트카를 이용하여 몇 시간 만에 산골마을에 이르렀다. 2009년 1월, 재차 방문하니 교통이 훨씬 편해졌다. 많이 불편했던 산악지방에 2008년 여름, 고속도로가 개통되어 나고야(名古屋)나 도야마로부터의 접근이 아주 수월해졌다. 중부 산악지방 도시, 일본의 제2의 교토라고 불리는 다카야마(高山)에서 시라카와고는 불과 30분이면 갈 수 있게 되었는데, 고속도로의 3분의 2는 길고 긴 터널의 연속이다. 때문에 관광객의 접근이 용이해지긴 했지만, 그만큼 세계문화유산의 가치를 보존하는 데 도전이 하나 더 생긴 셈이다.

황산의 일출

장강(長江, 양쯔강)은 굽이굽이 바다와 같은 내를 호수로 만들며 몇 번을 쉬다가 황해로 흐른다. 위에양(岳陽) 둥팅후(洞庭湖), 난창(南倉) 근처 파양후(鄱陽湖)에 들렸다가, 황산(黃山) 지우화산(九華山)을 피해 북상하여 쑤저우(蘇州) 다이후(大湖)에 들렸다가 상하이를 거처 황해에 이른다. 황산은 해발 1,800미터밖에 안 되지만 기암괴석과 노송이 어우러져 만들어낸 천하 명산으로, 시선(詩仙) 이태백은 자연에 도취되어 시를 남겼으며, 일출과 일몰, 운해는 동양화의 진경산수를 그리는 데 빼놓을 수 없는 명품이다. 황산은 또 유네스코가 지정한 세계자연유산의 하나이다. 황산은 상하이에서 500킬로미터, 항저우(杭州)에서 250킬로미터의 거리에 있고, 근처의 훼이저우는 항저우와 더불어 강남(양쯔강 남쪽) 문화의 대표적인 산실이다.

홍췬(宏村)은 안후이성(安徽省) 황산광역시 황산 서남록에 위치해 있는데 황산시의 시가지인 둔시(屯溪)에서는 50킬로미터, 황산으로부터는 약 40킬로미터 떨어져 있다. 마을은 후(胡)씨 집성촌으로서 이웃의 시디(西梯) 마을과 더불어 2000년 세계문화유산으로 등재된 전통 역사마을이다. 중국에는 전통 역사적 도시로서 리장(麗江)과 핑야오(平遙) 등 두 도시가 세계유산으로 지정되어 있는데, 홍췬과 시디는 농촌 마을로 지정된 역사적 마을유산으로, 아직 청 말기 이전의 모습과 중국 화남지방의 독특한 지방색이 잘 남아 있는 농촌이다.

기암괴석과 노송이 어우러져
만들어낸 천하 명산인 황산은
세계자연유산의 하나이다.

중국 안후이성 황산광역시에 위치해 있는 홍춘. 후(胡)씨의 집성촌이며 2000년 세계문화유산에 등재된 전통 역사마을로, 3백여 가구 1천여 명이 살고 있다.

중국의 취락은 대부분 혈연으로 구성되고 농사가 주된 생산수단이며, 마을의 위치나 집의 배치 등은 풍수지리설에 의해 결정되는 경우가 많다. 홍춘도 대부분의 중국의 취락에서 찾아볼 수 있는 배산임수(背山臨水)의 원칙에 따라 집단을 이루며 발전해 왔다. 후씨 일족은 1131년 처음 이 마을에 들어와, 풍수지리설에 따라 뒷산을 배경으로 산에서 내려오는 물을 마을 안으로 끌어와 집 사이로 흐르게 하였고, 마을 한가운데 월당(月塘)이란 인공 연못을 파고 주변에 사당과 학교를 세웠다. 그리고 다시 마을 어귀에 아름다운 남호를 파서 돌다리를 놓고 그림과 같은 부촌(富村)을 일구어 놓았다. 참으로 아름다운 풍경이다. 마을에는 이러한 경관 때문에 그림을 그리러 오는 학생들의 발걸음이 그치지 않고 있다.

후씨 일가는 안후이성에서 상인으로 이름을 날린 가문으로, 화남에서 손안에 드는 거부였다. 그래서 마을에 호사스럽고 독특한 건물을 많이 지었다. 마을에는 현재 명·청대인 17세기부터 19세기에 걸쳐 이룩한 마을구조와 조상을 공경하는 중시조 사당 그리고 서당을 비롯하여 가옥 137채가 보존되어 있다. 1950년대 이래 근대화 바람에 전통 건물과 주택은 꽤 훼손되었으나, 교통이 불편하고 대규모 개발공사가 없었기 때문인지 이 정도의 전통적 모습을 유지할 수 있었다. 황산 둔시 시가지에는 길이 1.5킬로미터의 라오지아라는 중국 전통문물을 파는 거리가 있는데 후씨의 후손이 상권을 쥐고 있다고 한다.

가옥의 모양은 일정한 양식을 갖추었으나 다양하게 변형하여 개개의 주택은 단독으로 건조된 것이 아니라 마치 도시와 같이 서로 이어지며, 길은 좁은 골목길로 화강암과 같은 석재를 깔았고, 굽이굽이 이어져 있는 것이 특징이다. 가옥은 거의 전부가 목조 단층 또는 복층으로 외벽은 흰 회벽이며, 내부는 채광을 겸한 중정(中庭)을 가운데 두고 정면에 대청 모양의 주실이 있어 조상의 위패 등을 모시고 식탁·의자를 놓아 거실과 응접실 역할을 하도록 돼 있다. 마을의 사당과 같은 상징적인 건축물은 동족의 구심점이 되고 있다.

중국이 개방된 이후 마을의 주택은 거의 개인 소유가 되었다 한다. 다행히 인민공사 시절에도 전통적 민가의 형태는 그대로 보존되었다. 근래 현대화 과정에서 전통과는 다른 집들이 들어서는 것은 안타까운 일이다. 개축이건 신축이건 손을 대면 건축의 변형은 불가피하다. 마을의 핵심 지역 외에는 전통을 훼손하는 건축물이 들어섰거

남호의 풍경을 그림에 담는 학생들

홍춘 어귀의 남호와 돗다리.
청나라 말기 중국 화남지방의 배산임수의
전형적인 특색을 잘 간직하고 있다.

나 들어서고 있으며, 건물 외관도 전통과는 다른 모양이다.

당국은 1984년 이곳을 성(省) 지정 문물지역으로 지정한 후 유산지역 관리규정을 강화하였고, 세계유산으로 지정되면서 보호구역도 설정해 마음대로 새 건축물을 짓지 못하도록 하고 있다고 한다. 그러나 제대로 지켜지는가는 미지수다.

주택은 개인 소유가 되었지만 노후화한 집을 개인이 보수하기는 힘들다. 그래서 중요한 보수는 중앙정부와 성(省)정부 그리고 지방정부가 지원하고 지방정부는 세계문화유산 관람료 수입을 여기에 충당한다고 한다. 한편 전통성 유지를 위한 보존상의 장애요소는 마을의 길이 좁고 고밀도의 건축인데다 목조건축물이어서 화재의 위험이 높다는 것이다.

이 마을의 인구는 3백여 세대, 1천60명으로 지난 20년간 인구수의 변동은 없다. 주민들은 90퍼센트가 농사와 양잠에 종사하고, 10퍼센트는 관광과 관련된 생업에 종사한다. 인구 변동이 없어 마을의 유기적인 조직이나 무형유산의 일실은 아직 걱정할 필요가 없다. 그러나 주민 생활이 풍족해지면서 발생할 앞으로의 일이 걱정된다. 홍촌에는 25개의 식당이 있고 민박도 겸하고 있다. 그러나 마을에서 민박은 인민폐 20위안 정도로 저렴하지만 대부분이 단기 방문으로, 주민에게 실질적인 수입원이 되지 못하고 있다.

세계유산으로 지정된 이후 홍보 효과 때문에 관광객은 해마다 늘어가는 추세이

홍촌에는 17세기에서 19세기까지 지어진 청대의 건축물과 사당, 서당 등 137채의 전통가옥이 잘 보존되어 있다.

중국식 건물의 실내. 응접실 양옆에 접대용 의자가 놓여 있고
안쪽 벽에 경현당(敬賢堂)이라는 목각판이 보인다.

위, 전통가옥과 등(燈)
오른쪽, 마을 구석구석을 휘감는 독특한 골목

다. 통계에 의하면 홍촌 마을의 관광객 증가의 추이는 1996년에 1만4천 명이던 것이, 1998년에는 3만7천 명으로 늘어났고, 2003년에는 40만 명을 기록하였다. 입장료는 인민폐 55위안(약 9,350원)을 징수하고 있어 지방정부의 중요한 수입원이 되고 있다.

안동 하회마을의 양반 가옥

크게 변한 농촌 마을

우리나라는 외세의 잦은 침공과 강점이 커다란 역사적 이유가 되었지만, 건축문화유산이 그리 많지 않다. 대부분의 건축물이 나무로 지은 것이라는 제약도 이유 중의 하나이다. 서울에도 대문 두 개와 고궁 건물만이 옛것일 뿐, 무엇 하나 100년 이상 보존되어 온 것이 없다. 서울 가회동의 전통가옥군도 거의 없어져 버렸다. 전통적인 모습은 박물관에서 그리고 사진으로만 볼 수 있는 풍경이 되어 버렸다. 최근 중앙박물관에서 '가까운 옛날'이란 주제로 우리나라 1950~60년대의 모습을 사진으로 보여주었는데, 서울 강남의 봉은사 일대의 '어제와 오늘' 사진은 먼 외국의 풍경을 연상시켰다.

우리나라의 농촌 풍경은 1970년대 초 새마을운동을 계기로 크게 바뀌었다. 못사는 것의 상징이라 하여 내부는 그대로 둔 채 초가지붕만 뜯어내고 모두 함석이나 슬레이트로 엉성하게 개량하였다. 그리고는 1970년대 말부터 농어촌 전화사업과 주택개량사업이 추진되어 농촌 마을의 집 모양과 색깔이 전부 바뀌었다. 시골에 가면 보이는 농촌 풍경은 빨간색이나 파란색 지붕 일색이고 더러는 지붕이 넙적한 슬라브형 지붕의 개량주택이다. 어디 하나 우리의 고향 생각을 유발시키는 옛 농가 모습과 색깔이 남아 있는 곳이 없는 것이다.

전남 순천의 낙안읍성

충남 아산시 외암 민속마을

    우리나라에는 2008년 말 현재, 다섯 군데의 이른바 양반마을과 두 군데의 읍성마을이 문화재보호법에 의해 민속마을로 지정 보존되고 있다. 안동 하회마을, 경주 양동마을, 성주 한개마을(2008년 지정), 아산 외암마을, 고성 왕곡마을이 양반 집성촌으로, 순천 낙안읍성마을, 서귀포 성읍민속마을이 그것이다.

    안동시에서 25킬로미터쯤 떨어진 하회마을은 삼면이 낙동강을 S자형으로 끼고 자리 잡은 오지의 농촌 마을이다. 마을의 전경이 매우 아름답다. 마을의 집들은 다른 마을과 커다란 차이를 보이고 있다. 일반적인 주택의 방향은 남쪽을 향하고 있지만 하회마을의 집들은 동서남북으로 두루 향하고 있는 점이 특이하다. 한 가지 공통점

하회마을 전경. 양반 가옥과 상민 가옥이
길과 담장을 사이에 두고 뒤섞여 있다.

은 모두가 강을 향하고 있다
는 것이다. 앞이 시원스럽게
트여 강물이 흐르는 풍치를
즐길 수 있다. 자연 속에 동
화되고자 하는 슬기로움이
잘 나타나 있는 것이다.

하회마을의 골목길

마을의 구성은 화산의 얕
은 능선을 따라서 길이 나고 그 길을 중심으로 남촌과 북촌으로 나누어진다. 그리고
길은 마을의 중심부에서부터 집집마다 개성적인 모양을 하고 있는 토담을 따라 방
사선으로 부드러운 곡선을 이루며 이어져 있다. 반구형으로 불룩하게 솟아 있는 마
을의 가장 중심부에는 지체가 높은 종가집으로 알려진 양진당과 충효당, 북촌댁이
자리 잡고 있다.

지세에 따른 풍수지리를 고려하면서도 산과 강을 감상하기 위한 가옥 배치라는
점은 하회마을만의 독특한 자연환경이 만들어낸 마을의 형태이다. 마을 안팎에는
학문을 하던 옥연정사, 빈연정사, 겸암정과 병산서원 그리고 화천서당 등이 아직도
보존되어 있다. 모두 300여 채의 건물 중에서 솟을대문의 양반 가옥인 양진당, 충효
당, 북촌댁, 하동고택 등이 중요문화재로 지정되어 있는 등 기와집 100여 채에, 상민

하회마을의 종가 양진당 내부

① 하회마을 서애 유성룡 종가
② 하회마을 겸암정
③ 하회마을 병산서원

가옥인 초가가 130여 채가 길과 담장을 사이에 두고 뒤섞여 있다.

경주시 양동마을은 하회마을과 마찬가지로 1984년 민속마을로 지정된 경주 손씨와 여강 이씨의 양 가문에 의해 형성된 양반마을로, 유명한 선비와 석학을 많이 배출하였다.

양동마을은 경주에서 형산강 줄기를 따라 포항 방향으로 16킬로미터 떨어진 곳에 위치하고 있는데, 성창산 문장봉에서 산등성이가 뻗어 내려와 '물(勿)' 자형의 지세를 이룬 등성이와 골짜기로 마을 집들이 들어서 있고, 앞에는 안강들을 내려다보는 배산임수의 전형적인 풍수사상에 입각해 배치한 마을이다.

마을의 안쪽 골에는 손씨와 이씨의 종가인 서백당과 무첨당이 있고, 마을 입구 언덕에는 관가정이 눈에 띈다. 양동마을에는 200년 이상 오래된 집들이 30여 채가 있

하회마을 서낭당

양동마을의 근암고택

는데, 종가일수록 산등성이 높은 곳에 위치하고 있다. 마을에서 동쪽으로 약 4킬로미터 떨어진 강가에 동강서원이, 서쪽으로 7킬로미터 떨어진 곳에는 옥산서원과 동낙당 정자가 있어 반촌의 특징을 잘 갖추고 있다.

마을이 양반마을로 이제까지 이름이 남아 있는 이유는 대종손들이 향촌에 머물며 조상의 대를 잇는 전통과, 현존하는 전통가옥뿐만 아니라 마을 가옥 배치가 하나의 지형적 경관을 이루고 있어 민속학자들이 주목하고 연구를 지속해 왔기 때문이다. 1984년 이후에는 문화재보호법에 의해 민속마을로 지정해 크고 작은 집들을 모두

양동마을의 관가정 고택

양동마을 향단고택

앞산에서 바라본 양동마을 관가정과 향단고택

보수 재건축했다.

그러나 이런 과정에서 60년 넘게 마을 낮은 지대에 있던 기독교 교회건물은 전통마을 건축과 어울리지 않는다 하여 2–3년 전에 헐어 버리고, 마을입구 초등학교 옆으로 이전시켜, 알듯 모를 듯한 벙커 모양의 건물을 지어 놓은 것을 보고 조금은 씁쓸한 마음을 금할 수 없었다.

양동마을에는 하회마을과 같이 뚜렷한 민속은 전해져 오고 있지 않다. 동제도 없었고, 다만 명절에 2–3년에 한 번씩 줄다리기를 행해 왔다고 한다.

동구밖으로 이전 신축한 양동교회

어려운 보존환경

역사마을이 형성된 것은, 양동마을은 조금 예외이지만, 한결같이 변경에 있고 교통이 불편하여, 농촌 개량이나 농촌 기반산업이 들어오지 못한 곳이며, 특정 성씨의 집성촌으로 종가를 중심으로 한 결집력이 컸던 것이 이유이다. 하회마을도 교통도 불편한데다 풍산 유씨가 600년 전부터 만든 마을이어서 유씨 일족이 많이 살고 있는 집성촌이다. 또한 서애 유성룡의 『징비록』과 같은 국보나 보물로 지정된 것도 있었고, 무엇보다도 1980년대 초에 민속마을로 지정하여 마을 안의 건물과 주변을 완충지대로 설정하여 보존하였기 때문에 옛 모습이 그대로 보존될 수 있었다. 하회탈춤도 이 마을의 지명도를 높이는 데 큰 역할을 했다.

그런데 우리나라 농촌은 지난 20-30년 동안 커다란 변화를 겪어 왔다. 농촌에 가전제품이 일상용품이 되었고, 연료도 프로판 가스를 사용하면서 주방 구조를 입식 부엌으로 만들었다. 농사는 기계화되어 일하는 소를 구경할 수가 없고, 모심기는 경운기가, 벼베기에서부터 건조까지 이른바 콤바인이라는 기계가 일괄하여 타작해 준다. 콤바인으로 타작하면 벼이삭만 훑어 가니 짚을 쓸 수 없다. 볏짚은 소중한 재활용자원이었는데 지금은 연료로도 지붕 잇는 재료로도 쓰이지 않는다. 전기를 사용하는 현대적인 하우스 농업이 온 들판을 덮었다. 농가가 없는 들판에도 농업용 전기 공급을 위한 전주들이 희끗희끗하게 말뚝처럼 박혀 있다. 우리나라 농촌의 겉모양과 속이 모두 바뀌어 버린 것이다.

지정된 민속마을은 전통적인 구조를 그대로 보존하기 위하여 정부가 기와집이나 초가집을 막론하고 전액 국고로 농가를 수리해 주고 개축해 준다. 이들 마을에는 옛것을 옛날 모습 그대로 보존한다는 '원형보존'이란 문화재 정책이 적용된다. 지정할 당시에 기와집이었던 것은 기와집으로, 초가집이었던 것은 초가집으로 보존한다. 기와집의 경우 적어도 30년에 한 번은 기와를 보수해야 하니까 그래도 나은 편이다.

왼쪽, 하회마을 고택 부엌
옆, 기계화된 벼수확

원형을 변경할 경우에는 허가를 받아야 하고, 개축은 원칙적으로 허용되지 않는다. 이 원칙대로 하면 초가집은 영구히 다른 편리한 현대식 주거용으로 개축 또는 신축이 불가능하다. 민속마을의 초가집 원형을 그대로 보존하기 위해서 국가예산을 들여 매년 초가집 지붕을 개수하여 주고 있다.

우리나라 초가집은 1–2년에 한 번씩 볏짚으로 이엉을 엮어서 새로 갈아야 한다. 영농의 기계화로 짚을 확보하는 것도 어렵고, 농촌인구가 고령화되면서 노인들이 지붕에 올라가 일하기도, 이를 엮을 인력도 없어서 초가집을 유지하는 일이 여간 어려운 일이 아니다.

국고지원 혜택을 받지 못하는 농가도 있었다. 1970년대 새마을운동이란 국가시책에 따라 슬레이트 지붕으로 개량하고 30년이 넘은 아주 헌 초가를 원형보존원칙 때

경주 양동마을의 초가집.
영농의 기계화와 농촌의 고령화로 초가집을
원형대로 유지하는 것은 갈수록 힘들어지고 있다.

1970년대 초가집에서 슬레이트 지붕으로
개량된 이후 문화재정책 때문에 지금까지
당시의 모습을 지니고 있는 가옥.

보수를 기다리는 기와집. 기와집의 보수는
그래도 초가집보다는 용이하다.

문에 슬레이트 지붕을 옛날 초가지붕으로 모두 원상복구시켜 놓았다. 마을의 어떤 슬레이트 농가는 주인이 초가집으로 다시 개축하는 것을 원하지 않고, 기와집으로 짓기를 원하고 있기 때문에 건축 허가를 내주지 않아 다 헐려 가는 모습을 유지했던 경우도 있다.

'원형보존원칙'은 현대 국민의 생활수준 향상이라든가, 더 넓은 면적을 필요로 하는 주거 패턴의 변화를 수용하지 못하고 있어 문제가 된다. 초가집에서 사는 사람들은 불만이 가득하다. '원형보존'이란 원칙 때문에 헐고 다시 지으려면 허가를 내주지 않고, 옛날 초가삼간의 좁은 주택 구조를 그대로 유지하면서 살아야 한다.

농가의 부엌은 방에서 신을 신고 나가 반지하로 들어가야만 하는 대단히 불편한 구조이다. 하지만 주방을 현대식으로 개조하면 불법이 되고 만다. 화장실은 대부분 외양간과 함께 별채에 있다. 위생시설을 들여놓기 힘든 구조이다. 이를 집안에 설치하면 내부 변경이 된다. 그래서 민속마을로 지정된 곳에 사는 주민은 불만을 터뜨렸다. 왜 우리는 초가집에 살아야 하고, 부엌도 현대식으로 개조해 사용할 수 없느냐 하는 것이다.

최근에 들어 관계당국은 주민의 삶이 우선 고려되어야 한다는 유네스코 기준을 감안하여 개·증축과 내부수리 기준을 크게 완화하였다. 종전의 건물은 외관을 크게 바꾸지 않는 한 내부는 주민이 사는 데 불편함이 없도록 개축할 수 있도록 관계 기준을 고쳤다(2007). 또 신축도 종전에 건물이 있던 곳이면 경관 기준에 합당한 범위 내에서 허가해 주고 있다. 그러나 아직도 불변한 것은 초가집은 계속해서 기와집으로 바꿀 수 없다는 원칙을 고수하고 있다. 그러면서 이런 개축에 들어가는 비용은 국비로 전액을 보조하고 있는 사실이 외국과는 다른 점이다. 외국에서는 자기 집을 고치는 데 국가의 보조도 있지만 어디까지나 개인재산인 만큼 전액을 나라에서 대어 주는 경우는 아직 들어 보지 못했다.

유럽의 도시나 농촌을 가 보면 한 문화경관 안에서도 수백 년 된 집에서 수십 년 된 집에 이르기까지 연조가 다양하다. 같은 건물도 자세히 보면 수백 년 동안 사람들이 이용하면서 옛것에 이어 또는 그 위에 증축하고 수리한 흔적을 쉽게 볼 수 있다. 내부는 현대 생활에 불편함이 없도록 개조되었다. 현대에 조달하기 어려운 건축 재료의 변화도 눈에 띄는 부분이지만 어디까지나 옛것과 이질감이 나지 않도록 연구 개발한 것임을 분별하기 어렵지 않다. 우리나라 초가집은 지붕은 매년 연중행사로 개량해 주어야 하지만 짚이라는 재료와 이를 잇는 기술자 조달이 어려워진 것이 현실이다. 앞서 소개한 중국을 포함한 역사마을의 민가 지붕은 모두 기와이거나 특수 개발한 자재이다. 일본의 시라카와고 마을의 초가지붕 재료는 억새풀인데, 한번 이으면 30년 간다고 한다. 지금도 이 억새풀을 조달하기 위해서 마을 부근에 억새풀

하회마을의 초가 화장실

밭을 두고 풀을 재배한다. 우리나라 역사마을의 초가집을 유지할 것인가 아니면 개량할 것인가 시사점을 주는 바가 크다. 그러나 하회·양동마을 모두, 세계문화유산 신청을 함에 있어 초가는 초가로 계속 유지하도록 규정되어 있다.

하회마을의 관광객의 숫자가 늘자 이를 기회로 하여 기념품 가게나 식당업을 하려는 주민이나 심지어는 외부에서 들어와 영업을 하려는 사람들이 늘고 있다. 초가집 벽을 헐고 가게를 내자니 원형을 변경해야 하고, 간판을 걸자니 외관을 손상시킨다. 당국과 주민과의 갈등이 자주 생겼다. 그래서 관계당국은 아예 마을 입구 외딴곳에 상가를 조성하여 밖으로 내보내기로 하고 수년 전부터 공사를 하여 2008년에 이전시켰다. 문화유산 정비를 이유로 행정력을 동원하여 자연부락의 상가를 정부 예산을 들여 지어 주는 보기 드문 사례를 만든 것이다.

옛것을 보존하여 우리의 문화전통과 정체성을 지키자는 문화재 보존현장에는 우리가 알지 못하는 보존원칙과 현실간의 문제점이 많다. 가끔 우리는 하회마을과 같이 민속마을로 지정된 민속마을에 전통성이 많이 훼손되었느니, 볼거리가 없느니 하는 언론의 보도를 접하기도 한다. 이런 곳에서 사는 주민들은 찾아오는 관광객들로 사생활이 침해당하기가 일쑤이다. 여름에 아무리 더워도 옷을 벗고 지낼 수가 없다. 문화재 보존 때문에 사생활이 침해당하고, 국민의 기본권인 행복추구권도 침해당하고 있는 셈이다. 그러면서 찾아온 사람들은 주민들의 사생활 침해는 외면하면

서 볼거리가 없으니 하여 마을사람들의 자괴감을 불러일으키곤 한다. 어떻게 하면 이상과 현실 사이를 조화시킬 수 있을지 모두가 고민해야 할 문제가 아닌가 싶다.

역사마을에도 이제는 젊은 사람들이 거의 없다. 이제 시골 마을에는 젊은 사람들은 대부분 도시로 떠나고 노인들만이 마을을 지키면서 농사일을 하고 있다. 하회마을의 경우 60세 넘은 노인이 주민의 70퍼센트를 차지할 정도이다. 주변 개발과 도시화 현상은 마을을 빈 마을로 만들고 있으며, 옛날부터 농경사회에서 사람들이 지니고 살던 축제·의식 등 무형의 문화유산은 거의 자취를 감추어 가고 있다. 마을의 동제도 없어졌다. 공동체가 무너진 것이다. 옛날 하회마을에서 생긴 하회탈은 국립박물관에 국보로 지정되어 보존되고 있을 뿐, 옛날 상민이 양반을 희화화하던 탈춤은 1928년 마지막 놀이를 끝으로 마을에서 완전히 떠나서 이를 전수받았다는 무형문화재 기능보유자에 의해 유지되고 전수되고 있다.

지금 살아 있는 노인 세대가 다 가버리면 마을은 누가 지키고 우리의 전통미의 아련한 기억을 재생시켜 줄 초가집에는 누가 살 것인가. 문화재를 보존하기 위해서 그 속에서 사는 사람들의 희생만 강요함은 이치에 맞지 않는다. 주민과 정부 그리고 전문가가 모두 다 나서서 변화하는 시대적 요구에 맞고 문화유산도 지키는 해결책을 찾아야 할 때이다.

관광객이 늘어나면서 마을 주민들은 전통가옥에서 민박이나 음식점을 운영하기도 한다. 생계 유지와 전통문화 보존 사이의 갈등을 풀 수 있는 방안이 필요하다.

2009년 세계문화유산 신청

하회마을과 양동마을은 오랫동안 세계유산 지정 잠정목록에 올라 있다가, 세계유산 지정을 위한 연구와 정비가 마무리되어 금년(2009년) 초 세계문화유산으로 신청되어 올해 가을에 유네스코 전문가에 의한 현장조사가 있을 예정이다.

세계문화유산은 여러 나라가 앞을 다투어 신청하여, 2009년 현재 전 세계 145개국에 679개의 문화유산이 등록되어 있고, 점점 선정기준이 매우 복잡하고 까다로워지고 있다.

문화재청과 경상북도는 공동명의로 유네스코 세계유산위원회에 하회마을과 양동마을을 동양철학 풍수설에 입각하여 조성되었으며, 우리나라의 대표적인 유교 전통을 지닌, 주민들이 대를 이어 600년 이상 사는 마을로 규정하여 유네스코에 세계문화유산으로 지정하여 줄 것을 신청하여 놓고 있다. 결과는 2010년에 지정 여부가 판명날 것이다. 하회마을 문화유산은 마을·부용대·병산서원·화천서원·겸암정사와 하회16경(河回十六景)을 구성하는 주변 산 및 낙동강을 포함하는 지역이고, 양동마을 문화유산은 양동마을과 동강서원 및 옥산서원 등을 포함하고 있다.

두 마을은 한국의 오래된 집성촌 중에 아직 원형이 그대로 남아 있는 대표적인 전통마을로서, 두 마을 모두 풍수설에 입각하여 배산임수의 취락 형태를 지니고 있을

뿐만 아니라, 주거(마을), 생산(주변의 농지) 및 정신적인 공간(외딴 곳에 위치한 정자, 정사 및 서원)을 고루 갖추고 있다.

세계문화유산으로 신청 지정을 받으려면, 유네스코가 정한 뚜렷한 독창성이 있어야 하고 몇 가지 기준에 맞아 한다. 이번에 하회와 양동마을을 세계문화유산으로 신청함에 있어 우리나라가 제시한 유네스코 기준은 다음과 같다.

첫째 기준 (iii)에 해당하는 "문화적 전통, 또는 살아 있거나 소멸된 문명에 관하여 독보적이거나 적어도 특출한 증거가 되어야 한다"는 기준에 부합하여야 한다. 이 기준과 관련하여, 두 마을은 조선시대의 대표적 유교문화가 잘 보존된 집성촌으로 유교적 전통·의식·기록은 물론, 민간신앙과 민속놀이가 살아 있는 특출한 증거를 가지고 있다.

둘째 "기준 (iv) 인류 역사의 중요한 단계(들)를 잘 보여주는 건조물의 유형, 건축적 또는 기술적 총체, 또는 경관의 탁월한 사례이어야 한다." 이와 관련하여 살펴보면, 두 마을은 수백 년 된 반상(양반과 상민)의 기와와 초가집은 물론, 정자·정사·서원 등이 자연과 조화 속에 잘 배치되어 있어 한국 전통건축의 특징을 잘 나타내는 살아 있는 사례라고 할 것이다. 즉 선비들의 정신적인 영역인 정자(亭子), 정사(精舍 –선비가 공부하던 건물), 서원(書院)은 마을과는 일정하게 떨어져 선비들이 공부와

① 하회 유씨 시제
② 하회 유씨 종가 불천위 제사
③ 양동 이씨 종가 불천위 제사
④ 하회 유씨 육소회

하회마을 육소회

연구에 정진하는 곳으로서 유교적 전통이 있으며, 유교의 세계관이 자연과의 조화 속에 배치되어 있다. 자연과 조화에 의미를 부여하는 풍수사상에 입각하여 보면, 하회마을은 낙동강이 굽이굽이 돌아가는 모습이 마치 물가에 연꽃이 떠있는 형상하고 있으며, 양동마을은 산줄기가 '勿'자로 갈라진 등성이와 골자기에 배치하여 모두 배산임수의 원칙에 부합한다.

셋째 "(vi) 탁월한 보편적 중요성을 보유한 사건 또는 살아 있는 전통·사상·신념·예술적·문학적 작품과 직접 또는 가시적으로 연계되어야 한다." 이 기준과 관련하여, 두 마을은 서원과 정사에서 유학자가 공부에 정진한 살아 있는 전통을 가진 마을이며, 국보·보물로 지정된 전적(典籍−유성룡의 『징비록』은 우리나라 국보로 지정되어 있음)이 잘 보존된 마을이며, 전통의식·제사·민속놀이 등이 살아 있는 곳이다. 하회·양동마을에는 우리나라에 오랜 전통인 기제사(서거한 4대조까지 제사를 지낸다), 묘제 또는 시제(4대조 이상의 조상을 1년에 한 번 제사한다)와 불천위 제사가 살아 있다. 불천위 제사라 함은 4대손 이하까지 내려가도 대종손이 기일에 제사를 모시는 풍습으로, 조선 왕조 시절에 국가에 큰 공을 세웠거나 학덕이 높아서, 그 신위를 영구히 사당에 모시라고 나라에서 허락한 조상의 제사를 일컫는다. 불천위 제사를 지내는 집안은 그 조상의 유명함을 매우 자랑스럽게 생각한다. 이것은 분명 살아 있는 전통에 해당한다.

두 마을의 문화유산은 아시아에서 현재 세계문화유산으로 지정된 두 곳—일본의 시라카와고(白川鄕) 마을과 중국의 홍춘–시디(宏村–西梯) 마을과 비교해도 독창성이 뚜렷하다.

우선 시라카와고 마을과 우리나라 마을과는 사람들의 삶의 형태가 다르다. 시라카와고 마을은 유교적 전통을 지닌 양반 마을은 아니며, 마을 사람들의 삶은 양잠이 기본이었고, 지금은 관광업이 주수입원이다. 하회·양동마을은 아직도 농사가 주된 경제를 이룬다.

홍춘과 시디 마을은 유교적인 전통을 공유한다는 점에서 비슷하나, 조상을 섬기는 제사나 민속 풍습이 전혀 다르며, 제사에 있어서도 유교적 가례가 전혀 다르다. 즉 살아 있는 전통이 매우 다르다는 이야기이다.

II. 도시주변과 문화경관

우리나라의 문화재 중 세계문화유산에
등재된 것은 모두 일곱 개이며
그 중의 하나인 경주의 고분군이다.
사진제공-한국관광공사

지구상에는 수많은 인종과 민족이 각각 다른 환경 하에서 그들만의 독특한 문화를 만들어내고 있다. 이러한 문화의 총합이 바로 인류의 문화이자 역사인 것이다. 인간이 과거에 만들어 후세에 남겨 놓은 문화를 우리는 '문화유산'이라고 부른다. 우리나라에서는 이러한 문화유산을 흔히 '문화재'라고 부르는데 많은 것들이 문화재보호법에 의해서 보호받고 있다.

　인류가 자연의 아름다움을 보존하여 후세에까지 남겨 주려고 만든 제도가 세계자연유산 등록제도이며, 여러 인종과 민족이 문화를 생성하면서 남은 빼어난 것들을 국제적으로 보호하도록 제도화한 것이 세계문화유산 등록제도이다. 우리가 잘 아는 중국의 만리장성, 캄보디아의 앙코르와트가 다 세계문화유산이다. 한국의 문화재 중 그 빼어남을 인정받아 등록된 세계문화유산은 석굴암과 불국사, 종묘, 해인사 경판전, 수원 화성, 창덕궁, 경주, 고창·화순·강화의 고인돌 등 모두 일곱 가지이다. 우리나라는 설악산과 한라산 일대를 자연유산으로 지정해 줄 것을 유네스코에 신청해 놓은 상태다.

　문화유산과 문화재란 말은 혼동하기 쉬우나 내포된 의미가 다르다. 우리나라에서 문화재는 경제재에 대비한 문화적 가치를 지닌 재화를 말한다. 문화재보호법에는 이를 크게 건축물 등의 유형문화재와, 오랜 전통을 지닌 수공예품을 만들거나 판소리·탈춤 등 그 기능을 보유한 사람만이 해낼 수 있는 기예 등을 대상으로 하는 무

세계문화유산으로 등재된 우리나라 문화재들
① 수원의 화성 사진제공－한국관광공사
② 강화의 고인돌 사진제공－한국관광공사
③ 석굴암
④ 해인사의 경판전 사진제공－한국관광공사

형문화재로 구분한다. 즉 문화재보호법에서 규정하는 보존·보호대상을 문화재라 한다.

문화유산의 범위는 우리가 흔히 사용하는 문화재보다 훨씬 광범위하다. 유네스코의 정의에 의하면 문화유산은 유형유산으로, 건축물 또는 건축물의 집단, 조각 및 회화, 고고학적 유적·유물 또는 자연과 인공의 결합물, 어떤 민족이나 집단에게 특정한 의미를 가지는 장소까지도 포함된다. 무형유산은 공예·전통공연 외에도 문화재에 포함시키지 않는 언어, 구전 표현과 종교 및 자연에 관한 지식과 관행을 포함한다. 문화유산은 한 집단 또는 민족이 문화적으로 가치를 서로 나누어 갖는 정신적·물질적 활동의 산물이다. 따라서 그 민족 집단의 공동체 의식과 동질성을 유지시키고 계승케 하는 역할을 한다. 그러므로 모든 문화적 유산은 나름대로의 독자성과 독창성을 지니게 된다.

유네스코에서는 과거 인류가 만든 뛰어난 문화나 자연 중에서 현재 모든 사람이 공유하고 다음 세대에까지 물려줄 유산을 세계문화 또는 자연유산이란 개념을 정립해 놓고 있다. 그리고 1972년 세계문화 및 자연유산협약을 체결하였다. 현재 177개국이 협약에 가입되어 있으며, 우리나라는 1986년에 가입하였다. 세계의 자연환경 중에 아직 자연 그대로 남아 있는 곳은 자연유산으로, 자연과 인류의 문화유산이 서로 혼재하는 경우 혼합유산으로 보호하도록 규정하고 있다.

문화유산으로 등록할 수 있는 대상은 기념물, 건물의 집단 및 유적으로 되어 있다. 즉 문화유산 중 회화나 조각과 같이 손쉽게 박물관으로 옮겨 놓을 수 없는 대상이 기념물과 유적이다. 물론 요즈음의 박물관에는 손쉬운 회화와 조각·공예품만 수장 전시하고 있지는 않다. 어떤 박물관에는 발굴 현장의 고고유적지를 그대로 옮겨다 놓은 곳도 있으며, 문화유적을 야외박물관이라는 시설에 복원하거나 재현해 놓은 곳도 있다. 일단 세계문화 및 자연유산 협약에 의해 보존·보호되는 것은 박물관에 수장하지 못하는 문화재라고 이해하면 된다.

　모든 문화유산은 역사적·예술적 또는 과학적 가치를 지녀야 보존·보호 대상이 된다. 보존·보호 대상은 기념물과 유적이다. 기념물(monument)은 건축물이나 고고학적 성질을 가진 비석이나 조형물을 말한다. 그러므로 비석과 같은 어떤 기념적 조형물이 아님을 유의해야 한다. 개개의 건물만이 아니라 건물군(群)도 기념물로 간주한다. 우리나라에서는 이를 유형문화재 또는 사적이라고 분류하는 것이 보통이다.

　유적(site)은 흔히 고고학적인 발굴지를 연상하기 쉬우나 우리말로 '터' 또는 '지역' '현장'의 의미를 내포하고 있으며, 고고 발굴지는 물론, 현재 사람이 거주하는 생활 현장과 복합기능을 가진 도시 지역을 포함한다.

　세계유산을 설명할 때 빼놓을 수 없는 대상이 '문화적 경관'이다. 문화적 경관이란 오랜 세월 인간이 한 지역에 거주해 오면서 "자연을 대상으로 하여, 또는 이 위에 사

베이징의 천단.
세계문화유산의 하나로 명·청시대 황제가
하늘에 제사를 지내던 곳이다.

람들이 인위적으로 만들어낸 결과"이다. 예를 들면, 아열대 기후를 가진 산간지방에
인간이 자연의 제약 조건을 극복하면서 일구어 놓은 계단식 논이나, 인간이 일부러
창조해 놓은 고원·저원을 꼽을 수 있다. 만약 특정 지역에 살던 사람들이 어떤 높은
산 밑의 거목을 신앙의 대상으로 삼았다면, 이는 세계유산이 규정하는 문화경관에
해당한다. 다시 말하면 문화경관이란 인간이 자연과 상호작용하면서 이를 극복하거
나 이용하기 위해 만들어 놓은 자연이나 자연에 대한 가공물이다.

세계문화유산인 중국의 만리장성.
춘추시대 때부터 중국 역대 왕조가 변경을
방어하기 위해 축조한 대성벽으로 발해만에서
중앙아시아까지 2,700km에 걸쳐 있다.

세계문화유산으로 등재되기 위해서는 몇 가지 전제조건이 있다. 우선 문화유산이 인류 전체의 유산으로 보존할 독창적 가치와 현저한 보편적 가치를 지니고 있어야 한다. 여기서 현저한 보편성이란, 세계적으로 보아 인류문화를 대표할 만한 성질을 가지고 있음을 인정할 수 있는 것을 말한다. 또한 세계유산을 가진 해당 국가가 이 유산을 보존할 만한 법적 제도와 경제적인 능력이 있음을 보여주어야 하고, 이에 대한 철저한 관리계획이 뒷받침되어야만 한다.

1972년 협약이 체결된 이래, 세계 각국은 경쟁적으로 자국의 문화유산을 세계문화유산으로 등재했다. 2004년 현재 세계유산으로 지정된 곳은 129개 국가에 754개소이다. 이는 다시 문화유산 582개소, 자연유산 149개소 및 혼합유산 23개소로 되어 있다. 이렇게 앞다투어 세계유산으로 등재하려는 배경에는 일단 세계문화유산으로 지정되면 자국의 문화유산의 가치를 세계적으로 인정받을 수 있고, 따라서 자기 문화에 대한 자긍심을 높일 수 있기 때문이다. 또한 이에 따른 홍보효과가 매우 크기 때문에 세계적인 관광자원

세계문화유산인 캄보디아의
앙코르와트 유적

인도네시아 자바 섬의
보로부두르 불교사원

화가 가능하며, 실제 세계유산으로 지정되면 해당 국가와 지역은 경제적 이익을 얻을 수 있다. 중국은 우리나라보다 늦게 세계유산협약에 가입하였으나 현재 유적 25개가 세계유산으로 등재되었으며, 늘어나는 관광객으로 문화유적 관광수입이 문화재를 보수·관리하고도 남을 정도라고 한다.

　인류문화의 보편적 가치를 지닌 유산이긴 하지만 보존능력이 없는 국가에 대해서는 국제적인 경제지원을 받을 수도 있다. 애스완 댐 공사로 인하여 매몰 위기에 처

① 일본 나라의 야쿠시지(藥師寺)
② 일본 나라에 있는 세계문화유산인
　 쇼소인(正倉院). 8세기에 지었으며
　 일본 왕실의 유물을 보관하는
　 유물창고이다.
③ 일본 나라에 있는 토다이지(東大寺).
　 불교사찰이며, 세계문화유산으로
　 8세기에 지었으며, 목조건물로는
　 세계에서 제일 크다.

일본의 세계문화유산 중의 하나인 히메지성(姬路城)

했던 이집트 누비아 유적의 이전을 위한 국제적인 원조와 협력이라든가, 1996년 지진으로 파괴되었던 중국 윈난성(雲南省) 리장 고성 복원이 세계은행 원조로 이루어진 것이 그 경우이다. 최근에는 내전으로 멸실 위기에 처했던 캄보디아 앙코르와트가 일본이 주축이 된 국제협력으로 복원되고 있다.

문화유산의 유형은 다양하다. 신성한 공간으로 종교적 순례지로 등록된 곳은 바티칸 궁전, 예루살렘, 티베트의 라사 등이 있고, 과거의 국가와 권력을 상징하는 유산으로는 중국의 만리장성, 진시황릉, 명·청대의 자금성, 인도의 타지마할 궁전을 비롯하여 우리나라의 창덕궁과 종묘가 있다. 베이징 원인(猿人)이 발견된 주코우디엔(周口店), 라스코 동굴의 벽화 등이 인류 문명을 설명해 주는 세계유산이고, 이밖에 잃어버린 역사 유적으로 이집트의 고대도시 테베와 묘지 유적, 없어진 잉카 문명의 상징인 높은 산 위에 있는 마추피추 유적 도시도 세계유산이다.

독일 중부 낭만가도의 로텐베르크.
중세 건물이 즐비하다.

프라하의 고색창연한 건물

독일 하이델베르크와 체코의 수도 프라하를 잇는 동서 700킬로미터 선상에는 하이델베르크, 뉘른베르크, 울츠베르크, 밤베르크에는 고성이 즐비하다. 하여 이를 '고성가도(Burgen Strasse)'로 명명하여 관광 루트화하였다. 고성가도는 동으로 국경을 넘어 프라하까지 이어진다. 남북으로 뷜츠베르크 알프스 산록 휘센에 이르는 전장 350킬로미터에 체인처럼 이어지는 26개의 중세 지방 중소도시군을 이어 '낭만가도(Romantische Strasse)'라 하는 관광 벨트가 조성되어 있다. 이들 지역을 탐방하면, 중세의 문화와 역사를 실제로 보고 느낄 수 있는 볼거리와 프로그램이 적지 않다.

이 중에는 세계문화유산으로 지정되어 있는 유적도 많다. 또한 중부 유럽의 수도인 베를린, 프라하, 부다페스트, 비엔나의 시가 중심부는 모두 세계문화유산으로 등재될 정도로 지난 수백 년 동안의 문화전통이 잘 보존되고 있고 이미 관광자원화되어 있다.

앞서 말했듯이 문화경관이란 인간이 한 지역에서 오랜 세월 거주해 오면서 자연을 대상으로 또는 자연 위에 인위적으로 어떤 구조물을 만드는 경우를 말한다. 도시라는 것도 인간이 사는 취락으로부터 규모가 커지고 도시 구조가 복잡해 지면서 자연을 적극적으로 이용하거나 순응하여 만들어 놓은 문화산물이다. 그러므로 도시의 구조와 주변은 문화적 경관이 된다.

고성과 낭만가도의 고읍성 중심부에 가 보면 마치 타임머신을 타고 수백 년 전으

프라하를 가로 지르는 블타바 강
사진제공–체코 관광청

로 돌아간 듯하다. 거리 건축물의 외양과 건물군의 지붕
을 잇는 스카이라인이 거의 수백 년 동안 변하지 않았다.
고성가도의 유명한 고성과 저택은 주인 없는 성이나 공가
(空家) 유적으로 남아 있는 것이 아니라 태반이 호텔, 레스
토랑 또는 와인 전문점으로 개조되어 활용되고 있다. 고
읍성의 거리는 아스팔트 포장이 아니라 오래 전 돌을 다듬
어 깔아 놓은 좁은 골목길이다. 제2차 세계대전이 끝난 후
복구사업을 하면서 유럽 사람들은 옛 모습을 유지하고 재
현하는 데 무던히 힘을 썼다는 것을 한눈에 알 수 있다. 그
덕택에 국내외 관광객이 그칠 줄 모르고 찾아온다. 사람들
은 전통과 역사를 보러 많은 돈을 들여 이런 곳을 방문하
는 것이다.

낭만가도의 로텐베르크 성 입구

　유럽은 지금 유럽연합(EU)으로 통합되어 국경을 통한 사람과 물자의 왕래가 자유
롭다. 그러나 20세기 들어서만 두 차례에 걸친 세계대전을 치를 정도로 무력 분쟁이
잦았고, 그때마다 나라의 영토가 고무줄처럼 왔다갔다 한 지역이다.
　유럽에 고풍스러운 문화적 경관이 잘 보존되어 있는 이유는 무엇일까. 전쟁의 피

독일 딩켈스베르크의 시민악대가 광장에서
왈츠를 연주하고 있다.

해에도 불구하고 이들은 복구를 하면서 과거 주변에 남아 있는 건축과 조화를 이루도록 세심하게 배려하였다. 옛것의 전통성이 이어지도록 배려하였지만, 여기에는 구도심에는 될 수 있는 대로 옛것을 그대로 두고 건물도 일정 높이 이상 못 짓도록 하였다. 도로도 거의 옛날 구조 그대로이다. 다시 말하면 도시의 구조와 인프라를 될 수 있는 대로 원형에서 벗어나지 않도록 한 것이다. 건물의 재료나 색

독일 고슬라 거리

깔은 물론 높이도 이웃의 옛것과 전 지역의 건축물이 조화를 이루도록 했다. 문화유산은 시간과 더불어 꾸준히 변한다. 그러므로 엄밀하게 말하면 원형이란 존재하지 않는다.

　다행히 유럽의 건축은 상당수가 석조물이어서 오래간다는 장점이 있다. 이런 재료·재질의 특성과 함께 현대문명이 유럽에서 발전되어 오면서 건축이나 도시의 구조도 서서히 개조되어 온 것이 연유일 것이다. 또 그들은 전통을 대단히 중시한다.

체코 남단의 소도시로 중세의 모습을 그대로 간직하고 있는 세계문화유산 도시 체스케 크룸라브 사진제공-체코 관광청

바로 이러한 마음가
짐과 노력이 그들의
정체성을 지키고, 역
사와 문화에 정체성
을 부여하는 것이리
라.

독일 고슬라의 골목길.
이웃의 천 년된 탄광과 더불어
세계문화유산으로 지정된 곳이다.

전통적 건물에서
삶을 영위하는 사람
들도 타임 캡슐 속

과 같은 공간에서 살지만, 생활에 아무런 불편을 느끼지 못하는 것 같다. 이것은 전
통을 지키면서도 그때그때 생활에 맞게 개축하거나, 증축하여 왔기 때문인지도 모
른다. 유럽의 건물은 수백 년 된 것도 자세히 보면, 몇 세기에 걸쳐 수리하고 증축해
온 나이테가 있다. 시대의 흐름에 따라 건물을 더 높였고, 내부는 현대생활에 편리
하게 사용할 수 있게 해 왔다. 부분 개수와 변조 그리고 증축을 제한적으로 허용해
온 것이다. 어떤 종교적 건축물은 수세기 동안 개축공사를 지속하고 있을 정도이다.

유럽의 중소도시에는 역사적 풍물이 그득하고 그 역사를 토대로 현대를 꾸려 간
다. 도심의 도로에는 한두 세기 전에 이미 마차 통행을 위해 깔아 놓았던 돌박이 포

구동독의 소도시 케드린베르크의 중심가.
세계문화유산의 하나이다.

체코의 민속의상

장이 그대로이고, 도심 속 광장은 수백 년의 시간이 같이 공존하는 문화와 역사 그 자체이다. 그리고 축제일이나 공휴일에는 거의 모든 주민이 전통의상을 하고 나와 축제에 참여하고, 찾아온 관광객을 위해 아주 자연스럽게 볼거리를 제공한다. 축제와 퍼포먼스는 직업적인 음악인이나 무용가가 연출하는 것이 아닌 주민들 생활의 일부인 것이다.

다 헐어 폐허가 된 유적을 될 수 있는 대로 보존하고 이용하는 기술도 인상적이다. 부다페스트 부다 지역에는 3세기 성곽 유적 위에 힐튼 호텔을 지었는데, 유적에서 발견된 부분을 그대로 살리면서 건물을 지어 놓았다. 호텔을 방문하면 로마시대의 문화유적에 들어와 있는 듯한 착각에 빠진다.

베를린 장벽이 무너지고 독일이 통일된 것은 1989년이다. 사회주의 체제의 동독은 서독과 국력을 비교할 수 없었을 정도로 낮았다. 경제는 낙후되어 갔고, 정부의 통제력은 점점 약해져 갔다. 통일된 지 15년이 지난 지금도 서독에서 구동독, 체코, 헝가리를 여행하다 보면 도처에 이러한 사회주의 시절의 어두운 모습을 만나게 된다. 단조로운 도시의 색깔, 칙칙한 건물들이 그렇다. 그런데 제2차 세계대전 이전에 만들어 놓은 도시 구조와 건물은 그대로 남아 있다. 동부 베를린이나 프라하, 헝가리의 구도심에서 이런 것을 쉽게 발견할 수 있다. 이런 곳은 이제 모두 세계문화유산에 등재되어 있다.

세계문화유산으로 지정되어 있는
부다페스트의 페스트 지역

구공산권 지역에도 계획경제 시절에 새로 지은 건축물을 제외하고는 옛것이 그대로 남아 있다. 그러니까 일부러 또는 경제적으로 힘이 모자라 손을 대지 않았던 건물과 문화적 유산은 고스란히 남아 있는 셈이다. 문화유산 보존에는 현실적인 필요에 의해 조금씩 개수해서 활용하는 것말고는 그대로 두는 것이 제일 바람직한 방법이란 것을 알 수 있다.

프라하의 풍경

　1968년에 소련 지배에 항거하여 봉기한 '프라하의 봄'은 우리 기억에도 생생하다. 스라로메스케 광장은 제법 넓은 광장으로, 중세 때부터 역사적·사회적으로 프라하의 중요한 거점이자 중심부였다. 그래서 이 광장에는 관광객이 아주 많이 모인다. 타인 성당의 시계탑은 매일 12시에 종을 치고 조각된 인형이 춤추면서 음악을 들려주어, 모인 사람들의 발걸음을 묶는다. 여기저기 교향시 〈나의 조국〉을 작곡한 스메타나와 〈신세계 교향곡〉으로 유명한 드보르 자크, 「변신」의 작가 카프카 등의 동상과 흉상, 건물 모서리 조각품 등을 쉽게 발견할 수 있다. 시내는 아직 돌박힌 마차길이 꼬불꼬불하게 이어지고, 좀더 넓은 길에는 전차가 다닌다. 여기서 블라트바 강을 건너 프라하 성을 올려다보는 찰츠 교는 프라하의 명물로서, 다리 위에서는 거리의 음악인들이 지나가는 사람들을 반겨 준다.

프라하의 흐라드차니 성(Hradcani Castle)

① 프라하의 명물 찰츠교 사진제공–체코 관광청
②–③ 프라하 타인 성당의 음악시계를 바라보는 관광객들
④ 찰츠 다리 위의 연주자

할슈타트 호수마을.
많은 예술가들이 영감을 얻을 만큼 경관이 수려하다.

오스트리아의 문화경관

스위스, 오스트리아 및 독일 남부는 알
프스 산지 사이사이에 호수가 많고, 그 사
이를 다뉴브 강이 흐른다. 또한 이 일대에
는 고성이 즐비하다. 산간 호숫가의 할슈
타트라는 작은 마을은 청동기시대부터 산
에서 소금을 캐내 호수와 이를 잇는 강의
수운(水運)을 이용, 중부 유럽에 소금을
공급한 곳으로 유명하다. 마을에서 계단
을 따라 뒷산에 오르면 그때의 소금광산
유적이 남아 있다. 한편으로는 주변의 수
려한 경관 덕택에 지속적으로 이 마을에
정주해 온 기록이 있고, 수백 년 된 고딕식

오스트리아의 할슈타트의 소금이 생산되는 산 주변

건물이 이를 뒷받침하고 있다. 이 수려한
풍광은 많은 문인과 예술가에게 영감을 준
손꼽히는 문화경관이라 할 수 있다.

①알프스 산 아래 할슈타트 근처에서 일광욕을 즐기는 사람들
②-④ 오스트리아와 헝가리 국경 근처로, 문화경관 지역으로
지정된 페르테 노지들레르를 산책하는 시민들

상트 페테르부르크 네바 강가에 있는 에르미타주 박물관

지금은 러시아의 제2의 도시로 알려져 있지만, 상트 페테르부르크는 원래 페테르 대제가 발틱 해변의 네바 강가에 세운 제정 러시아의 수도였다. 1703년 당시 페테르 대제는 스웨덴으로부터 이 지역을 탈환하여, 서구 세계에 러시아의 부와 힘을 과시하기 위해 상트 페테르부르크를 짓기 시작했고, 1712년 이곳에 수도를 이전했다. 네바 강과 분류에 크고 작은 백여 개의 섬에 건설된 상트 페테르부르크는 5백여 개의 다리로 연결되어 '북방의 수도(水都)'로도 불릴 만큼 물과 가까운 도시이자 러시아의 관문이요, 거대한 무역항이다. 북위 60도 선상에 있는 이 도시는 여름은 짧고 겨울

러시아 제2의 도시 상트 페테르부르크

에르미타주 박물관

별궁 '황제의 마을'의 눈꽃

은 길고 매우 춥다. 그러나 해양성 기후를 보여 모스크바의 겨울보다는 온화하다.

상트 페테르부르크는 1917년에 일어난 공산혁명으로 러시아 제국이 몰락한 후 모스크바에 수도 자리를 이양하고, 레닌그라드로 불리다가 소련의 멸망 후 다시 옛 이름을 되찾았다. 상트 페테르부르크는 문화유적이 즐비하여 세계문화유산으로 등재된 곳이다. 세계적으로 널리 알려진 에르미타주 박물관은 네바 강가에 겨울궁전과 에르미타주 궁전 몇 개를 이어 세운 세계에서 몇 손 안에 드는 곳으로 수십만 점의 소장품을 자랑한다. 에르미타주는 '은둔의 장소'라는 뜻으로 예카테리나 대제는 정궁인 '겨울궁전' 옆에 사적인 회합을 갖는 장소로 이곳을 지었다고 한다. 수집벽이 남달랐던 예카테리나 대제가 자신의 소장품을 보관·전시하기 시작한 이래 스키타이의 황금문화 유산은 물론 그리스의 항아리 외에도 수많은 회화 작품이 소장되어 있다.

에르미타주 박물관의 자랑은 무엇보다도 건물 자체가 역사 및 문화와 강하게 연결되어 있다는 사실이다. 다시 말하면 박물관의 소장품 못지않게 러시아의 휘황찬

란한 역사는 물론이고 그 비극적인 역사의 증인이었다는 사실이다. 이곳에서 러시아 제국은 공산혁명에 의해 쓰러졌다. 공산혁명 후에도 박물관으로 사용했으리만큼 공산주의자들도 역사적인 유물을 손 하나 건드리지 않았다. 그 암울했던 소련 공산주의 시절에도 러시아 역사의 열린 창 구실을 해 온 것이다.

상트 페테르부르크에서 서쪽으로 한겨울 눈이 가득한 들판을 20킬로미터쯤 달려가면 교외에 '황제의 마을'이란 호화로운 별궁이 있다. 건물은 대단한 걸작들인데, 궁전 외벽의 부조 작품은 예술 그 자체이다. 18세기 중엽부터 건물이 하나씩 지어지면서 하나의 거대한 궁전이 완성되었는데, 건물 정면만 약 3백미터가 될 정도로 당당하며 위엄 있는 계단, 금으로 세공한 벽장식이 회화의 극치를 이룬다.

아직 칙칙한 모습을 보여주는 상트 이삭 사원은 높이만 191미터에 이르고, 정면의 돌기둥은 6백 톤짜리 암석 한 개를 깎아 세운 것으로, 러시아 교회 건물 중에서 가장 큰 건물이라고 한다. 사원의 정면은 대리석과 화강암을 이용해 만든 조각이 새겨져 있고, 내부의 조각도 화려하다. 이 사원의 5층 난간에서 바라보는 시내는 여전히 어둠침침한 분위기를 포함하고 있다. 이 사원은 꽤 멀리에서도 뚜렷하게 볼 수 있어 시내를 흐르는 네바 강변에 중요한 실루엣을 이루고 있다. 여기서 조금 떨어진 상트 페테르부르크 수도원의 묘지에는 러시아를 빛낸 차이코프스키, 톨스토이 등이 묻혀 있다.

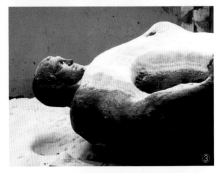

① 네프스키 수도원 묘지에 잠들어 있는 차이코프스키의 흉상
②-④ 러시아 남부 도시 날치크에 있는 조각상들

날치크 시장에서 과일을 파는 여인

날치크 시장에서 만난 여인

상트 페테르부르크를 돌아보면서 페테르 대제가 얼마나 유럽의 일원이 되어 국부를 자랑하고자 심혈을 기울여 고궁과 사원을 지었는지를 알 수 있다. 궁전은 철마다 이리저리 옮겨 사는 도시 안의 구과 교외의 궁이 호화의 극치를 이룬다. 이러한 풍부한 러시아의 문화유적과 전통은 소비에트 공산주의 시절에 많이 훼손되었다가 1989년 공산주의 체제가 무너지면서 빠르게 복원되었다. 그래서 공산혁명 이후 파괴되었던 19세기 러시아의 모습이 상당 부분 회복되었다. 이제 자본주의 시장경제 체제가 어느 정도 안정화되고 경제도 많이 개선되어, 거리에는 활기가 넘쳐흐르고, 언뜻 보면 서방세계의 어느 도시와 비교해도 특별히 다르다는 느낌을 받지 않는다.

이제 러시아에서는 공산주의 시절의 못살던 풍경이나 생필품을 배급받기 위해 길게 늘어선 줄은 보이지 않는다. 시장에는 식료와 일용잡화가 부족함이 없이 공급되는 듯했다. 그렇지만 아직도 과거의 어두운 그림자는 도처에 있다. 곳곳에서 검문·검색이 이루어지고 있고, 외국인들은 아직도 호텔에 여권을 맡겨야 하고, 도착지에서는 관헌에 신고도 해야 한다. 또 기차표를 살 때에는 여권을 제시하여야 한다. 모스크바 공항에서 시내로 향하는 도중 경험한 경찰의 삼엄한 검문은 짜증나고 지루한 통과 의례였다.

모스크바에서 비행기로 세 시간 거리의 남부 카바르디노 발카라야 자치주의 수도 날치크에서 러시아의 가장 높은 산 엘브루스(5,633미터)로 가는 도중 러시아의 진면

목을 볼 수 있었다. 체첸 공화국이 가까이 있어 긴장감이 돌았다. 이곳은 아직 공해가 없어서 그런지 맑은 날 아침 날치크 시내에서 100킬로미터나 떨어져 있다는 엘부르스가 지척에 있는 듯, 해뜰 무렵의 원경은 장관이었다. 시장에서 만난 사람들은 순박하고 겸손했으며 생활수준은 전에 비해 많이 좋아졌다고 한다. 생필품도 예전과 달리 쉽게 구할 수 있다고 했다.

어디를 가나 사회주의 체제하에 시달리던 사람들 같지 않게 순박하고 친절해서 오히려 어떻게 저런 인성과 순박함을 유지할 수 있을까 하는 생각마저 들었다. 그러면서 그 인간미 없던 비밀경찰은 모두 어디 갔고, 그들은 지금 무엇을 하고 있을까 하는 궁금증이 일었다.

북위 60도의 겨울 아침은 대단히 춥다. 오전 8시 반이 돼야 해가 뜬다. 사람들은 어둠을 헤치고 아침을 앞당기려고 이른 새벽 출발한다. 네프스키 수도원 묘지 안에 있는 차이코프스키 묘에 밤새 쌓인 눈을 치우는 관리인의 손길과 아침 참배를 하러 오는 사람들의 발길이 바빠 보였다.

캄보디아 앙코르와트, 크메르 건축예술의
극치를 이루는 역사적 유적이다.

문화의 전파는 물결과 같다. 특히 종교가 한 지역에 전파되어 정착하면 그 문화가 밀려났다 해도 흔적은 남는다. 인도네시아 자바 섬 중부 요그야카르타 북쪽에 9세기에 지어진, 보로부두르 불교 유적과 파람바난 힌두사원 유적이 그런 예를 보여주는 것으로, 이슬람교를 믿는 인도네시아에서 희한하게 자바 섬의 불교와 힌두교의 유적이 세계문화유산으로 등재되어 있다.

보로부두르 사원

보로부두르 사원은 수많은 탑이 집합체를 이루면서 전체의 모양도 역시 탑의 형상을 하고 있는 불교 유적으로, 약 1만2천 제곱미터의 면적에 약 32미터 높이의 구릉 위에 암석을 쌓아 올려서 구축한 것이다. 기단층 위에 모두 8층으로 탑형의 건조물을 축조했고, 그 정상에 커다란 종 모양의 탑을 덮어씌운 구조로 되어 있다. 세계의 어디에서도 그 유례를 찾아볼 수 없는 장대한 불교 건축물이다. 그러나 지금 인도네시아의 종교와는 무관하게 되어 근처의 파람바난 힌두교 유적과 더불어 부근 사람들에게는 관심없이 잊혀져 가는 유적에 불과하다.

이 유적은 1814년 영국인에 의해 처음으로 반쯤 매몰된 탑이 발굴되었고, 식민지 시절 부분적으로 복원되었다. 그후 인도네시아 정부가 감당할 능력이 없어 유네스코의 지원하에 복구되었으며, 세계문화유산 목록에 등재되어 있다.

인도네시아 보로부두르 불교사원.
수많은 탑이 집합체를 이루며 전체 모양도
탑의 형상을 하고 있다.

이 지역은 16세기 동인도회사가 점령한 이래 네덜란드의 지배를 받았던 곳이다. 그후 인도네시아가 탄생하면서, 자바 섬에서 일기 시작한 독립운동 세력이 식민 통치자가 지배하던 크고 작은 섬들(수마트라, 자바, 보르네오, 셀레베스와 티모르 등)을 유산처럼 고스란히 물려받았다. 인도네시아의 표준어는 새로 만든 인공언어이다. 독립하면서 말레이의 한 지방 방언을 인공적으로 표준말로 만들었다고 한다. 그래서인지 인도네시아에는 아직도 소수민족의 독립운동이 지속되고 있는 듯하다.

발리

동쪽으로 나아가면 발리라는 섬에 닿는다. 인구 350만 명밖에 안 되는 발리의 주민은 모두 힌두교를 믿는다. 불교와 힌두교가 먼저 인도네시아에 전파되었다가 왕조의 멸망과 더불어 이 섬에는 이슬람교가 들어왔고, 이미 있던 종교를 믿던 사람들을 동쪽으로 밀어낸 것이다. '신들의 섬'이라고도 불리는 이 섬의 건축과 사람들의 종교의식이 모두 힌두교의 교리에 따른다.

힌두교 의식은 주로 물가 또는 물속에 설치된 탑에서 이루어진다. 오래 전에 조상들이 물을 건너왔기 때문에 이런 의식을 하는 전통이 남아 있다고 한다. '백의민족'인 우리만 흰옷을 즐겨 입는 줄 알았는데, 이곳에서 종교 의식을 하는 사람들이 흰옷을 입고 있어 신기함을 느낀다.

해뜰 무렵의 발리 섬 해변가

발리 섬의 물속에 가라앉을 것 같은 힌두사원

왼쪽, 공양중인 발리 힌두교도들
오른쪽, 발리에서 만난 할머니

발리는 1900년대부터 유럽과 북미에 환상의 섬으로 소개되어 서구 관광객의 방문지가 된 지 오래이다. 그래서 그런지 외래문화를 비교적 거부감 없이 받아들이고 있다. 열대 적도 위의 섬은 우리가 아는 태풍은 없고, 하루 한두 차례 소나기가 내려 더운 상하의 나라를 식혀 준다. 실제로 발리의 기후는 우리나라 더운 여름보다 오히려 시원한 편이다. 발리의 강렬한 햇빛은 화가에게는 더 이상 바랄 수 없는 아름다운 빛을 선사한다. 그래서 발리에는 우리가 아는 것 이상으로 외국의 화가들이 몰려와서 그림을 그린다고 한다.

루마창

보르네오 북부는 말레이시아의 영토이고 나머지는 인도네시아 영토이다. 말레이시아 사라와크 주의 원주민인 이반족은 예로부터 정글의 강가나 바닷가에 공동주택을 짓고 농사와 수렵을 하며 살아왔다. 사라와크 주 바투니아 국립공원 안에 있는 이반족 마을 루마창은 보르네오 제일의 도시 쿠칭에서 500킬로미터, 코타키나발루에서 500킬로미터 떨어진 외진 정글 속 마을이다.

바투니아 국립공원은 천연동굴이자 원시림과 희귀한 동식물이 가득한 보고로서, 여기 거대한 돔과 같은 동굴에는 몇 만 년 전 인간이 살던 흔적이 발견되어 국제적인 학술조사가 진행되고 있다. 이 동굴 안은 박쥐의 서식지여서 얼마 전까지만 해도 주민들이 박쥐를 잡아 생업을 이어갔었다고 한다.

마을로 들어가자면 강을 거슬러 배로 굽이굽이 들어가거나 바투니아 국립공원 안의 폭 1미터짜리 쪽나무로 만든 보도를 걸어 5킬로미터쯤 걸어 들어가야 한다. 국립공원 끝에 이르러 나무다리로 연결된 마을에 이를 수 있다. 강 언덕에는 단독주택이 무질서하게 늘어서 있고, 조금 안으로 들어가면 두 채의 기다란 공동주택이 눈앞에 펼쳐진다. 롱하우스는 땅으로부터 1.5미터 위에 기다란 집을 짓고, 길고 넓은 복도를 전면에 두어 이를 공동공간 겸 거실이자 의식을 거행하는 장소로 사용돼 왔다. 내가 묵은 롱하우스는 회랑의 길이가 1백미터 정도 되었고, 마치 호

말레이시아 사라와크 바투니아 국립공원 동굴.
동굴 앞에 사람이 거주한 흔적을 조사하는
건물이 있다.

텔처럼 각 세대의 문이 일렬로 배치되어 있었다. 문 안으로 들어서면 각각의 세대는 폭 5미터에 길이가 제법 길게 되어 있다.

종족상 해양 몽골족으로 분류되는 이반족은 공동주택에서 16–20년 동안 살면서 고기를 잡고 자원을 채취하며 살다가 다른 곳으로 이동하는 떠도는 부족이었다. 아마도 식량 채취와 교통 편의 때문에 물가에서 살았을 것이다. 지금은 정부의 정책에

말레이시아 사라와크
루마창 마을 입구

▲ 이반족 소녀
▶ 공동주택 긴 회랑.
밤에는 거실이자, 각종 문화행사 등
의식이 열리는 공간이다.

의해 한곳에 정착하여 살기 시작했고, 곧 도로도 개통된다고 한다. 루마창에는 아직 전기가 들어오질 않아 밤에는 발전기를 돌려 텔레비전을 보고 있었다.

브루나이

브루나이는 말레이시아 영토인 사라와크와 사바 주 사이에 위치한 경기도 절반 크기의 작은 왕국이다. 인구는 30만 정도이나 근처 영해에서 석유와 천연가스가 많

말레이시아 멜라카의 물가 주택

브루나이의 수상학교

이 생산되어 왕실은 세계 갑부 중의 하나이고, 국민은 세금을 한푼도 내지 않으며
교육과 의료도 무료이다. 동남아에서 싱가포르 다음으로 잘사는 나라이다. 여기에
수상에서 사는 사람들이 줄잡아 5만 명 정도가 된다고 한다. 브루나이 인구의 15퍼
센트가 물 위에서 사는 셈이다.

　수상마을 안에서는 목조 다리(board walk)로 통행하지만 외부와의 주요 교통수단
은 배이다. 학교도, 병원도 수상건물이다. 석유 수출로 얻어진 국부는 국민경제에도
파급되어, 최근 브루나이 정부에서는 대대적으로 해안가에 수상택지를 조성하고,
새로운 마을을 건설하여 허름한 집에서 사는 사람들을 새로이 이전시키고 있다. 학

브루나이의 수상촌

브루나이의
이슬람 사원 내부

교도 새로 수상에 건설하여 배로 아동들이 통학한다.

앙코르와트

바다 건너 인도차이나 반도의 캄보디아는 앙코르와트 세계문화유산으로 유명하다. 프놈펜 북서쪽 약 250킬로미터, 시엠레아프 북쪽 5킬로미터의 톤레사프 호 북안 근처에 동서 20킬로미터, 남북 10킬로미터 안에 유적들이 산재해 있다. 앙코르 왕국은 한때 태국의 일부를 포함한 광활한 평야지대를 지배하면서 세계의 8대 불가사의의 하나인 앙코르와트를 남겼는데, 앙코르톰과 더불어 그 규모는 서기 802년부터 1432년까지 이 일대를 통치했던 앙코르 왕국의 영화롭던 과거를 웅변하고 있다.

앙코르와트는 당초에는 힌두사원이었는데 16세기부터 왕국이 망하고 수도가 프놈펜으로 옮겨 가면서 불교 승려가 사찰로 사용하였다고 하는데, 여기에서 사찰의 캄보디아 말인 '와트'가 추가되었을 것이라고 추정한다. 앙코르와트는 힌두사원이냐 아니면 이를 지은 왕의 능이냐를 두고 설이 분분하나, 건물의 구조나 장식으로 비추어 볼 때 힌두신을 모신 사원으로 보는 것이 타당하다고 하는 것이 통설이다. 그러나 이를 지은 수리야바난 왕이 서거한 후에는 왕의 영적인 능묘로 삼았을 것이라는 주장도 설득력이 있다. 앙코르와트는 1113년부터 1150년 사이에 지은 앙코르 유적 중 가장 크고 보존이 잘된 힌두사원이다. 사원은 규모말고도 구조·균형미가 뛰어난

앙코르와트의 조각

건축물 중의 걸작으로, 세계 8대 불가사의의 하나이다.

　왕국이 멸망한 후 잊혀졌던 앙코르 유적은 1866년 프랑스인들에 의해 발견될 때까지 열대식물이 뒤덮고 휘감아 올라가 쓸모없는 유적이 되고 말았다. 그후 프랑스 식민 지배 당국이 일부 정글을 걷어내고 원상으로 복구했는데 크메르 루주 공산정권 때 또다시 피폐되었다. 종전 후 유네스코가 나서서 복원사업이 진행중이며, 일본이 여기에 많은 경제 및 기술 원조를 제공하여 복원에 기여하고 있다. 인간이 만들고 사용했던 건축물이지만, 사람들이 잊고 있는 사이 거대한 나무가 타고 올라가는 것

앙코르와트 다리 위의 석상들

을 보고 있으면, 자연의 무서운 복원력을 확인할 수 있다.

캄보디아 톤레삽

캄보디아 톤레삽 호수에는 물 위에서 사는 수상족이 있다. 톤레삽은 메콩강의 한 지류이며, 유역의 넓이는 건기(乾期)에 길이 150킬로미터, 너비 30킬로미터, 면적 3천 제곱킬로미터 정도의 큰 담수호이다. 우기에는 메콩강의 물이 역류하기 때문에 평소의 세 배나 되는 면적이 되면서 어족이 풍부하고 어획량이 많아 캄보디아 사람들의 주요 단백질 공급원이 되고 있다고 한다. 그래서 예로부터 호수에는 수상생활을 하는 사람들이 많았다. 톤레삽 호수의 이용은 어업에만 그치지 않는다. 호수의 수위가 철에 따라 주기적으로 변하는 것에 착안하여 이미 700년 전에 물 위 벼를 재배한 기록이 있다고 한다. 영어로 'floating rice'로 불리는 이 벼는 수위가 늘어나는 정도에 따라 빨리 자라고 키가 6미터까지 자란다고 한다.

톤레삽 수상마을의 수상족은 약 1천 명 정도이다. 시엠렙에서 3-4킬로미터 떨어진 호수까지 가면 개울 같은 작은 수로 사이를 다니는 배가 교통수단이다. 호수 한가운데 수상교회도 보이고 경찰관서도 보인다. 설명에 의하면 이 호수에 사는 사람들은 대부분 베트남족 후예라고 하는데, 국가의 흥망과 관계없이 인위적인 국경을 넘나들면서 인간이 삶의 터전을 찾아 이리저리 이동한 역사적 사실을 현장에서 발

①-② 톤레삽 호수 사람들
③ 캄보디아 여인

톤레삽 호수 수면에 떠 있는 교회

견할 때면 역사의 한 단면을 보는 것 같다. 이들은 육지에 사는 크메르족과는 다르게 차별대우를 받고 있다고 한다.

홍콩 섬

동남아에는 이같이 물 위에서 사는 사람들이 많다. 홍콩 섬에도 얼마 전까지 수만 명의 수상족이 살았다. 홍콩 섬은 남북 10킬로미터, 동서 약 5킬로미터의 작은 섬이다. 그림으로 보는 홍콩항의 양안에는 오늘날 1백층 내외의 건물이 수풀처럼 들어서 있다. 영국인들은 홍콩을 통치하면서 풍경이 좋은 피크라는 정상 주변과 이를 잇는 중간지점에 길을 내고 고급주택을 짓고 언덕 위의 고급주택 지역을 만들었다. 그러나 서민들은 해안가 평지 좁은 땅에 집을 지었다. 지형이 협소하고 바닷가는 경사진 곳이 많아 길을 내기가 힘들었다. 그래서 얼마 전까지만 해도 배로 섬 주변을 왕래하였다. 홍콩 섬에 일주도

홍콩의 수상시장

홍콩 애버딘의 수상마을.
정부의 공공복지 정책으로 많은 사람들이
인근의 아파트로 이주했다.

로가 건설된 것은 겨우 20여 년 전의 일이다.

홍콩 섬의 남단에는 애버딘이라는 규모가 큰 수상식당으로 유명하지만 배 위에서 사는 수상촌으로 더 유명했다. 10년 전만 하더라도 해안가에는 배 위에서 살아가는 사람들이 수만 명 있었는데, 지금은 바다를 매립하여 고층 아파트촌을 만들었다. 벽해가 상전이 된 것이다. 지금은 수상에서 생활하는 사람들이 얼마 남지 않았다고 한다.

홍콩의 예를 보더라도 열대지방에서 무성한 정글을 뚫고 통행한다는 것이 얼마나 힘든지는 상상하기 어렵지 않다. 수상족들이 이처럼 여기저기 사는 것은 강과 바다에서 충분한 식량을 얻을 수 있고 교통이 편리하다는 데 있을 것이다.

네팔 박타풀 근처의 한 작은 마을

네팔의 자연

세계의 지붕 히말라야 덕분에 네팔은 우리에게 매우 낯익은 나라이다. 네팔의 카트만두 분지는 예로부터 중국과 티베트, 인도를 연결하는 무역과 교류의 루트였다. 어쩌면 삼국시대 때 우리나라의 승려들이 인도에 수도를 하러 당나라를 통해 이곳 카트만두 분지를 거쳐 갔을지도 모른다.

고대 카트만두 분지는 큰 호수였다고 한다. 그래서 해발 2천 미터가 넘는 이곳에 이처럼 넓고 편평한 땅이 생겨나서 고대로부터 사람들이 삶터로 이용하게 되었다. 카트만두 분지가 끝나는 곳에는 갑자기 경사가 급하게 전개된다. 히말라야산맥은 약 1천만 년 전 인도 대륙판과 유라시아 대륙판이 충돌하여 사이에 있는 땅이 치솟아올라 생긴 고지대 산덩어리라고 한다. 네팔은 히말라야를 찾는 관광객들의 관광수입으로 먹고 사는 나라라고 할 정도로 히말라야가 중요한 자원이다. 이 나라를 거치지 않으면 그리고 세르파(Sherpa)의 도움을 받지 않고는 히말라야의 준봉들을 정복할 수 없다.

4월은 봄의 시작이자 건기가 끝나는 몬순의 계절이다. 그래서 그런지 카트만두 분

네팔의 힌두교신

지는 계절이 바뀌면서 생기는 운무가 자욱하여 마치 황사가 낀 봄철을 연상하게 한다. 이 때문에 카트만두 분지를 벗어나 고도 3천 미터의 고지를 가도 그 웅대한 히말라야는 볼 수가 없다.

불교와 힌두교의 나라

힌두사원에 장식되어 있는 조형물

네팔은 힌두교의 나라이면서도 불교의 발상지이다. 석가모니의 탄생지는 네팔 남부 룸비니이다. 그래서 네팔에는 힌두교와 불교가 다수 종교이다. 힌두교가 86퍼센트, 불교 8퍼센트, 이슬람 4퍼센트이다. 거대한 산을 두고 네팔은 과거 천수백 년 동안 티베트과 인도와의 교류의 요충지였으며, 9세기에서 15세기에 걸쳐서 이슬람교도의 침략에 쫓긴 일족이 인도에서 이주해 와 인도문화가 섞이기 시작했다. 현재의 지배민족인 구르카족은 이들과 먼저 이주해 와 있던 네와르족과의 혼혈족이다.

18세기에 구르카족 마라 왕조가 오늘날까지 이어지고 있는 왕조의 기초를 마련했다고 한다. 네팔의 왕조는 뒤에 티베트 진출을 꾀하다가 청(淸)나라 군대에 패하고, 다시 인도 침입을 꾀하다가 1814년, 영국에 패배하였다. 지금의 라나 왕조는 19세기 중엽부터 통치를 시작하였다.

네팔 사람은 인도 아리안계가 80퍼센트로 주류를 이루며, 티베트계가 17퍼센트를 차지한다. 네팔 왕국은 16세기경 인도 북방을 점령하여 인도인을 괴롭힌 바가 있는

히말라야 관광수입에 기대어 사는 네팔.
주민들은 아직도 헐벗고 가난하다.

데, 이때 침략의 주축이 된 이들이 구르카족이며, 한국전쟁 당시 영국군에 편입되어 참전했던 용맹하기로 이름났던 '구르카' 부대가 네팔 사람들이었다. 작전에서 이 나랏말이 하도 생소하여 군대의 암호로 안심하고 사용할 정도였다고 한다. 영국은 '구르카' 대대를 후에 홍콩 방어에 투입하기도 하였다.

1951년에 1백여 년 동안 지속되어 온 세습 왕조를 그대로 둔 채 의회제도를, 1990년에는 복수정당을 허용하는 입헌군주제도를 채택했다. 1990년대부터 공산주의 반란이 일어나고, 2001년에는 왕세자가 국왕과 왕비를 살해하고 그 자신도 자살하는 사건이 일어나면서 정치적 불안이 가중되고 있고, 해산된 국회의원의 선거도 2004년 6월 현재 실시하지 못할 정도로 불안은 계속되고 있다.

이렇다 할 자원이 없고 정세도 불안하여 네팔의 국민소득은 240불에 지나지 않는다. 카트만두와 교외를 방문하면, 마치 반세기 전 한국전쟁 때 두 번의 공방 끝에 폐

오래된 건축물들이 방치되어
곳곳에서 쓰러진 채 남아 있다.

허가 된 서울에 돌아온 느낌을 금하기 어렵다. 정치를 잘못하면 이렇게까지 백성들이 헐벗고 굶주리게 된다는 것을 실감할 수 있다.

카트만두 분지의 문화유산

카트만두는 네팔을 통치해 온 권력의 중심지이다. 카트만두 분지는 마라 왕조시대에 한때 세 왕자가 권력을 나누어 가지면서 세 개의 왕궁을 두고 통치하였는데, 이때의 왕궁이 카트만두, 박타풀, 파탄이다. 이 왕궁의 거리는 서로 불과 5킬로미터에서 15킬로미터 사이밖에 떨어져 있지 않아 카트만두의 근교 역할을 하게끔 발전하여 왔다. 카트만두 분지에는 힌두교와 불교의 목조로 된 사찰, 사원 그리고 종교 공동체의 광장이 곳곳에 널려 있다.

카트만두 분지의 세계유산은 아시아에서는 제일 큰 문화유산 밀집지역이다. 1979년에 수도 카트만두와 인근 소도시 파탄과 박타풀의 사원과 고건축 등 7개의 문화유산이 묶이어 세계유산으로 등재됐다.

문화유산은 자연 환경이 좋고 이를 만들어낸 사람들의 살기가 편해야 잘 보존되는 법이다. 네팔은 몬순 지역이고, 지진도 자주 일어나는 편이어서 문화유산을 유지하기 어려운 여건을 갖고 있다. 게다가 경제적으로 어렵고 가난하니까 2-3백 년 전에 지은 목조건축물 수리되지 못한 채 방치되어 곳곳에서 쓰러져 가거나 대대적인

박타풀의 한 유적.
유적 관리가 제대로 되지 않아
문제가 많다.

수리를 요하고 있다. 문화재적 가치가 있는 건축에 잇대어 또는 그 옆에 이질적인 네팔식 현대 건축이, 고전미와 전통성을 훼손하고 있어 보는 이를 안타깝게 한다.

19세기의 박타풀

박타풀은 카트만두에서 약 20킬로미터 떨어진 중소도시로 인구는 8만 명이다. 박타풀 도심지에는 왕궁과 힌두사원 유적들이 즐비하다. 네팔의 문화유산은 대부분 목조로 되어 있고, 목공예 기술이 뛰어나다. 2백 년 이상 되었다는 박타풀 도심은 둔바르라고 하는 힌두탑과 사원을 중심으로 이리저리 좁은 골목으로 이어져 있고, 그 주변의 건축은 대부분이 2-3층이다. 그러나 경제적 어려움으로 인하여 문화재 수리·보존사업이 제때 이루어지지 않아 많은 문화재가 급격히 퇴화되어 가고 있다. 또한 사유재산에 대한 법적 규제가 미비하여 문화재 옆에도 현대적인 건축물을 짓게 함으로써 이질감을 자아낸다.

유네스코는 1993년부터 카트만두 분지의 문화유산의 보존상태를 우려하여 이 지역 문화유산을 「위험에 놓인 문화재 명부」에 등재할지를 검토하고 있을 정도이다. 사정이 딱하여 일본과 유럽 여러 나라들이 문화유산 보존사업을 돕고 있다.

힌두교는 오랜 세월에 걸쳐 형성되었고, 사이사이에 불교의 영향을 받아 다양한 신과 신화 그리고 성전을 남기게 되었다. 가는 곳마다 힌두신 하나쯤 없는 곳이 없

박타풀의 힌두탑.
이곳에서 화장에 의한 장례식이 거행되고
잔해는 물에 흘려내려 보낸다.

박타풀의 힌두탑

다. 인도나 네팔에서 종교는 인간의 삶과 죽음에 커다란 역할을 한다. 이들에게 종교가 없는 삶은 상상할 수 없을지 모른다.

'비스카 자트라'는 4월 중순 열리는, 우리나라의 구정과 같은 신년 민속축제이다. 카트만두 분지에서는 박타풀에서 가장 성대하게 치러지는데 박타풀 위 도시와 아래 도시 사람들 수천 명이 두 패로 나뉘어 줄다리기를 한다. 커다란 가마에 밧줄을 매어 서로 당기는 이 축제는 밧줄의 길이가 양쪽 합해 1천 미터가 넘는다.

박타풀에서 가장 성대하게 열리는
신년 민속 줄다리기 '비스카 자트라'

박타풀 사람들이 관광객들에게 탈춤을
보여주기 위해 대기하고 있다.

박타풀 외곽이라고 하지만, 사람 사는 곳에서 그리 멀지 않은 개울가에 힌두교의 의식을 거행하는 곳이 있다. 모든 힌두식 화장의식이 여기서 치러지고 유해는 불에 태워 개울에 뿌려진다고 한다. 시가지를 조금만 벗어나면, 못사는 사람들뿐이고 위생 상태가 엉망이어서 사람 사는 것이 어쩌면 이렇게 힘들 수 있을까 하는 처절한 생각마저 든다.

근처 동산의 정자에서 인도에서 왔다는 한 초로의 힌두교 신도를 만났다. 어두운 동굴에 서서 고행하는 모습을 하고 있었다. 두 발로 대지를 딛고 선 것이 아니라, 한 발을 교대로 들고 서 있는 고행이다. 그는 잠도 서서 자고 밥도 서서 먹는다는데, 안내자의 말에 의하면 식사는 동네 사람들이 번갈아 날라다 주어 하루에 한 끼 정도 먹는다고 한다. 이제 17년째이니까 아직 3년이 남았다고 한다.

문화재가 있는 곳이면 어디를 가나 이를 빌미로 하는 관광상품이 범람하고 있다. 문화유산은 넘쳐나는 방문자들로 몸살을 앓고 있으며, 훼손·파괴되고 있다.

가난한 네팔에도 서서히 이런 조짐이 보이고 있다. 네팔에는 연간 40만 명의 관광객이 방문하는데, 대부분 히말라야를 찾는 이들이다. 그 중 박타풀에 약 20만 명이 방문해서 시의 중요한 수입원이 되고 있다. 외국인은 입장료로 미화 5달러를 내야 하며, 이런 관광수입은 박타풀 시 수입의 50퍼센트를 차지할 정도이다.

리장 고성에서 본 위룽산

리장(麗江)은 윈난성(雲南省) 서북부 만년설이 뒤덮인 위룽산(玉龍山, 5,966m) 밑으로 전개되어 있는 커다란 고원의 중심이다. 예로부터 이 지역은 티베트와 연결되는 무역상이 거쳐가던 차마고도(茶馬古道)의 요지이며, 중국 남부에 널리 퍼져 있는 소수민족의 하나인 나시(納西)족의 본고장이자 이들의 자치구이다. 위룽산에서 흐르는 위룽천은 리장에 무한한 아름다움을 선사하여, 사람들의 생활에 생기를 불어넣어 주는 생명선이다. 나시족은 이 젖줄을 활용하여 동바(東巴)문화를 꽃피워 왔고, 그 전통을 지키고 있다.

위룽산과 장강 제1협곡

히말라야 산맥과 쿤룬 산맥 사이에서 발원하는 강은 모두 태평양으로 흘러든다. 중국의 황하, 장강(양쯔강) 그리고 동남아시아의 메콩강이 모두 여기에서 비롯한다. 양쯔강과 메콩강 그리고 그 옆의 살윈강이 모두 칭하이(靑海)에서 발원하여 산맥을 사이에 두고, 중국 남서부를 북에서 남으로 나란히 흘러내린다. 그러다가 양쯔강은 앞의 거대한 위룽산에 막혀 동북쪽으로 역류하면서 장장 2백 킬로미터의 첫번째 굽돌이(彎曲)를 만들어낸다. 너무 오지이기 때문에 옛 자연과 생태계가 고스란히 보존되어 있다.

해발 4,300미터까지 케이블카를 타고 위룽산을 오르면 날씨의 급작스런 변화를 느낄 수 있다.

영국의 소설가 제임스 힐턴의 『잃어버린 지평선』에 나오는 '샹그릴라(香格里拉)'라는 원시 이상향은 바로 이 근처의 종디안(中甸)에 있는 것으로 널리 알려져 있다. 2003년도에 유네스코는 이 세 강의 협곡 일대를 세계자연유산으로 지정하였는데, 지정 이유는 지난 5천만 년 동안의 지구 역사를 고스란히 간직하고 있는 태고의 원시 지역으로서, 인류 전체의 자산으로 보존할 가치가 있다고 판단되었기 때문이다. 이 일대는 인도 대륙판과 유라시아 대륙판이 충돌하여 거대한 히말라야 산맥과 티베트 고원을 형성하고, 마치 종이를 구겨 놓은 것처럼 대협곡을 만들어낸 것이다.

위룽산 남쪽으로 펼쳐지는 광활한 고원은 아열대 기후임에도 불구하고 해발 2천 4백 미터의 고도 때문에 사계가 봄 같고, 위룽산의 만년설이 녹으면서 풍부한 물을 흘려 보내기 때문에 농사와 목축에 편리한 지역이다. 나시족은 2천 년 전부터 리장과 그 주변에 흩어져서 농사와 목축을 하면서 살아온 인구 30만 명의 소수민족이다.

차마고도

예로부터 이곳은 험준한 산을 돌아 티베트에 드나드는 길목에 있어 차마고도(茶馬古道)라 불려 왔는데, 차를 비롯해서 각종 물자교역이 활발했고, 사람들이 오랜 세월 동안 왕래해 왔다. 리장에는 지금도 티베트과의 문화 교류의 흔적이 많이 남아 있다. 리장 고성은 다른 중국의 성시(城市)와는 다르게 성곽이 없이 사방으로 개

위룽산은 해발 5,600미터이지만 관광객은 4,400미터까지만 올라갈 수 있다.

위, 리장은 차마고도였다. 교외의 숙박소 앞에
말들이 쉬는 곳을 설치해 두었다.
왼쪽, 위룽산 아래의 목초지

방되어 있다. 명·청대를 통하여 목(木)씨 성의 지배자가 통치하였다 하여 '목부(木府)'라 하였고, 나무에 성을 두르면 '곤(困)'이 되어 목부가 축성을 하지 않았기 때문에 성곽이 없다는 이야기도 있다. 어쨌든 리장에 성(城)이 없다함은 이 고읍의 개방성과 교류거점을 잘 말해 주고 있다 할 것이다. 지금도 고읍 한가운데에는 사방으로 통하는 사방가(四方街)라는 장터가 있어 하루종일 상인들로 붐비고 있다.

계획도시 리장

리장의 거리는 거미줄처럼 골목으로 이어져 있고, 골목에는 이 지방에서 나는 오색돌을 깔았다. 고읍 어귀에는 옥천이란 샘물이 솟아 호수와 정자를 만들고 세 개의 수문도 만들어, 인공하천이 고읍을 종단하여 흘러내리게 하였다. 이 덕택에 위룽산의 청류가 사철 그치지 않는다. 세 줄기로 흐르는 물은 마을 안에 들어와 갈라져서 가가호호에 이르고, 주민들은 이 물로 빨래와 청소를 한다. 사방가 광장은 밤이 되면 물이 넘쳐흐르게 하여 자동적으로 청소가 되도록 했다.

1996년 2월 3일, 리장에 진도 7의 대지진이 일어나 이 일대 주민 3백여 명이 압사하고 1만 5천여 명이 부상을 당하는 참사가 발생하였다. 전통가옥 대부분이 파괴된 것은 물론이다. 그러나 중앙정부의 강력한 지원과 세계은행 등의 원조를 얻어 1년 내에 전부 복구하고 세계문화유산으로 지정해 줄 것을 요청하였다. 1997년 유네스

① 위룽산에서 흘러온 냇물이 집들 사이로 콸콸 흐른다.
② 최근 중국인들의 유입이 크게 늘어 나시족의 고유문화가 크게 위협받고 있다.
③ 리장의 젊은 여성들
④ 리장의 어린이

코는 리장 고성(古城)을 세계문화유산으로 등재하였다. 다양한 자연환경 속에서 이 지역에서만 볼 수 있는 한족과 변방족의 문화가 서로 섞이면서도 그 전통과 생활방식이 잘 보존되어 왔기 때문이다.

리장 고성은 면적 3.8제곱킬로미터로 상주인구는 2만5천 명 정도, 이 중에 나시족이 약 70퍼센트를 차지한다. 근년에 리장의 문화와 전통이 밖으로 알려지고 중국의 경제 발전에 힘입어 한족이 대거 이주해 왔기 때문에 나시족의 순수성이 자꾸 퇴색해 가고 있다. 고읍 리장의 입장료는 받지 않지만, 세계유산으로 등재된 이후 관광수입이 괄목할 만하게 늘어나고 있고, 한족의 전입이 눈에 띄게 증가하고 있다.

리장, 나시족의 본거지

1996년 지진 이후 복구된 리장이 얼마만큼의 원형을 되찾았는지는 확실한 자료가

왼쪽·오른쪽,리장 고성의 골목

나시족은 1년에 세 차례 만물신에게
제물을 바치며 제사를 지낸다.

동바교 벽화

없어 가늠하기 쉽지 않지만, 고읍 안의 민가는 기본적으로 명·청대의 남부 중국의 이른바 강남수향(江南水鄉)의 정취를 자아내고 있다고 한다. 건축양식에서도 명·청대의 것은 물론 당·송대의 유풍도 꽤 간직하고 있어 중국의 건축사·문화사 그리고 도시 발전사에 귀중한 자료가 되고 있다고 한다. 민가는 전부 기와집으로 대문을 들어서면 작은 중정이 있는 단층 가옥이 주류를 이루고 있고 더러는 2층짜리 집도 있다. 중심가의 집들 사이로 좁다란 골목이 미로처럼 뻗어 있고, 양편에는 근래 늘어난 상점들이 즐비하다. 군데군데 나시 처녀들이 넥타이·머플러 등에 수놓고 있는 모습이 보인다.

동바(東巴)문화

나시족은 티베트의 라마교, 불교 그리고 중국의 도교의 영향을 받은 동바교를 만들었다. 동바교는 모든 사물에 영(靈)이 존재한다고 믿는 다신(多神) 숭배교이다. 나시족은 동바문자라고 하는 상형문자로 수천 권의 전적을 만들어 종교의식 절차, 주문 그리고 역사와 전설을 기록해 놓았다. '동바'는 동바교의 사제인데 '지혜로운 자'를 의미하며, 1년에 세 차례 만물신을 그려 놓은 벽화나 나무 밑에서 탱화를 걸고 닭을 잡아 제물로 바치며 제사를 지낸다.

동바의 상형문자는 현존하는 세계 유일의 것이라고 하지만 상형문자라기보다는

나	당신	남자	여자	사랑하다	섹스하다
데이트	듀엣	먹다	마시다	사다	부탁하다

동바의 상형문자

실물을 많이 동원한 설명적인 회화문자라고 해야 할 것이다.

나시족의 전통

리장 고원 고지대에서는 밭농사와 목축업이 주를 이루는데 촌락에는 반드시 마을 광장이 있고 여기에서 공동의 축제가 벌어진다. 나시족은 전통적으로 모계사회였고, 여성들의 활동이 매우 두드러진 편이다. 예전에는 아주혼(阿注婚)이라 하여 일처다부제의 혼인제도 하에 남자는 아내 집에서 살지 않고 밤에만 드나들었다고 한다. 이러한 혼인제도는 일부일처제가 정착되면서 지금은 거의 사라졌지만, 아직도 여자들이 고된 노동을 하고 있는 모습을 쉽게 볼 수 있다.

벽에 새겨 놓은
동바교 문자

악기를 불고 있는 나시족 노인

민속의상을 입고 있는
리장의 나시족 여인들

나시족 여인의 전통의상은 군청색의 상의에 군청색의 앞치마 속에 바지를 입는
것이다. 등에는 가죽이나 천을 두껍게 누벼 만든 등받이를 하고, 띠를 어깨와 옆구
리에 X자형으로 꼬아 걸친다. 짐을 나르는 일도 여인들의 몫이어서 등짐을 지고 다
니는 데 꼭 필요한 것들이다.

나시족은 노래와 춤을 즐긴다. 노래는 짧고 서사적인데 음정은 매우 높다. 결혼식
이나 축제 때는 여럿이 원을 그리면서 노래를 곁들인 동바춤(東巴跳)을 추면서 흥을
돋운다. 마을 안의 나시 고악(古樂)연주당에서는 매일 밤 관광객을 위한 연주회가
열린다. 출연자는 모두 칠십이 넘은 나시 전통음악 전수자로서 중국이 개방된 이후
이 연주단은 베이징을 비롯해 구미 등지를 순회하며 연주한 적이 있다고 한다.

I. 역사마을 찾아가는 길

※ 유럽이나 일본의 여행은 철도가 잘 발달되어 있기 때문에 철도를 이용하는 것이 제일 편리하다.

1. 헝가리 홀로쾨 마을

부다페스트에서 파츠토 행(하트반 경유) 철도를 이용하고 파츠토에서는 버스를 이용한다. 철도는 1일 15회 운행, 2시간 정도 소요. 파츠토에서 마을로 가는 버스는 1일 3회 운행, 40분 소요. 마을의 샤레트는 1일 10불 정도로 이용 가능하다.

2. 체코 홀라소비체 마을

유럽은 유레일 패스로 철도를 이용하면 여행하기가 편리하다. 프라하에서는 버스 이용도 가능. 체스케 부데소비체 (140km)로 이동하고, 부데소비체에서 15km 떨어진 마을까지는 버스를 이용한다. 1일 8회 운행.

3. 슬로바키아 블콜리네츠 마을

블라티슬라바에서 동동서쪽으로 200km 떨어진 루좀베르크(광공업도시)에서 서남쪽으로 직선거리 4km 지점에 있다. 렌트카를 이용해서 가야 할 정도로 교통이 불편하다.

4. 일본 시라카와고 마을

나고야–타카야마 JR철도를 이용, 타카야마–시라카와고는 매일 6회 운행하는 버스를 이용할 수 있다. 나고야에서는 직행버스도 운행(계절 운행 4. 21–11. 30)한다. 4시간 소요. 도야마에는 한국 국적기가 취항하는데 마을까지는 50km. 1일 여러 차례 버스 운행.

5. 중국 홍췬

세계자연유산인 황산 가는 길과 같다. 상하이나 항저우에 취항하는 항공편을 이용, 상하이에서 황산까지는 하루 3번 항공편이 있다. 항저우에서 200km 떨어져 있고 버스를 이용한다. 난징에서 기차편 이용도 가능하다.

황산시–마을
하루 2회 운행하는 버스를 이용하거나, 택시를 대절할 수 있다. 하루 대절 비용 300위안(2003). 중국인에게는 방문이 자유이나 외국인은 공안당국의 방문허가가 필요한 곳이다.

207

II. 도시주변과 문화경관을 보려면

1. 중부 유럽의 문화경관을 보는 데는, 프랑크푸르트까지 항공편을 이용하고, 여기서부터는 유레일 패스를 구입해서 여행하는 것이 제일 편리하다. 독일 비르츠베르크에서 휘센에 이르는 이른바 낭만가도(400km)는 투어버스를 이용하면 골고루 다 볼 수 있다. 마찬가지로 독일 하이델베르크에서 체코의 이른바 고성가도(500km)도 투어 버스를 이용하는 것이 편리하다.

2. 상트 페테르부르크는 모스크바를 경유하거나 상트 페테르부르크 직행편을 이용한다. 그러나 모스크바에서 600km 떨어진 상트 페테르부르크는 특급열차를 이용하면 연도 경관을 관광할 수 있고, 야간 침대차를 이용하여 이동하면, 숙박까지 겸할 수 있어 시간도 절약하고 편리하다. 상트 페테르부르크를 관문으로 하는 패키지 여행을 이용하면 북구 여행도 겸할 수 있다.

3. 동남아 수상족 편에서 다루는 나라가 인도네시아(보로부두르 사원, 말레이시아(멜라카, 사라와크의 루마창 마을), 부르나이 왕국(수상촌), 캄보디아(앙코르 유적과 톤레삽 호수 사람들) 및 홍콩(애버딘의 수상촌)을 망라하고 있기 때문에 일일이 찾아 가는 길을 소개하기는 어렵다.

4. 네팔 카트만두는 히말라야 등산과 트레킹으로 낯익은 여행 목적지이다. 카트만두까지는 방콕과 싱가포르를 경유하는 편이 가장 보편적이다. 박타풀 시는 카트만두 시내에서 불과 20km 떨어진 위성도시이기 때문에 당일 일정으로 관광이 가능하다.

5. 중국 리장은 최근 패키지 여행으로 쿤밍(昆明), 다리(大理)를 포함하여 여행할 수 있는 곳이다. 서울–쿤밍은 항공편을 이용하고(대한항공과 중국 남방항공이 취항), 쿤밍–리장(530km)은 국내선 항공편을 이용하거나, 다리 경유 버스로 여행하면 12시간 걸린다.